トランスフォーム

自己能力を10倍高める

# 仕事術

人材育成コンサルタント
松本幸夫

# まえがき

ビジネス書では、ちょっとした〝効率化ブーム〟が続いています。

しかし、スピーディーに大量の仕事をこなすことだけが追求されがちではありませんか？

私はここ数年、このような効率化一辺倒のビジネス書のあり方には、疑問を持っていました。

私もその中の何十冊かを書いていますので、あまり大きな声では言えませんが……。

確かに、短時間で多量の仕事をこなすのは悪いことではありません。

ただ、**スピードだけが目的化してしまっていいのでしょうか？**

当然のことですが、私たちは物理的に有限の中で仕事をして、プライベートな生活を送っています。「そんな中で、本当に『効率化』だけを追求していいのか？」という疑問から、本書が生まれました。

あなたは今、心の底から「これを成し遂げたい」「こんなことをしてみたい」という志や目標を持っていますか？

もしも答えが「ノー」だとしたら、効率化はあなた自身の首を絞めることにもなりかねません。なぜでしょうか。

詳しくは本文に譲りますが、効率化して、創出された大切な時間の使い道がわからないと、何の気なしに新しい仕事を入れることになりかねないのです。

すると、効率化したにもかかわらず、かえって以前よりも忙しくなって、苦しんでしまいます。どこかおかしいでしょう。

つまり、**仕事の効率化を〝何のために〟しているのかを、まずハッキリさせておくべき**なのです。

私自身、やみくもに自分自身の能力開発を行ってきました。

しかし、いくらスキルが向上しても、心から虚しさが消えませんでした。その時は、「何のために能力開発しているのか」がわからなかったからです。

本書は、私自身も含めて、効率化一辺倒の仕事術、ビジネス書に対しての〝反省〟〝振り返り〟の意味で書きました。

「何のために効率化しなくてはいけないのか？」ということが、本書を読み進めていく中でハッキリとわかります。

そして、あなたは、**本書によって自己能力を飛躍的に高め、志や夢、目標を現実化することができる**のです。

そのための本なのです。

「明確な志や目標がない」という方も安心してください。本書を読み進めていくうちに、あなた自身の志や目標が何だったのかが、鮮明になります。

**トランスフォーム仕事術とは、基本となる「タイムベースマネジメント」**（**時間術**）**と、「速読・速考・速書・速プレ」**（**4速スキル**）**による量から質への転換**、すなわち効率化から目的・使命への質的な転換をいいます。

あなたの成功への旅のお手伝いが、本書の役目です。

それでは、夢実現のための、トランスフォームの旅に出ましょう。

二〇〇九年三月

松本幸夫

# 目次

2章

タイムベースマネジメント

# 思い通りにコントロールする時間術　39

## 4章

## 4速スキル② スピードシンキング「速考」
# 新しい価値を創造する発想術 97

# 5章

## 4速スキル③ スピードライティング「速書」

# 脳トレ&思考整理術　127

## 6章

# 1章

# トランスフォーム仕事術
# 「4速スキル」で問題解決&10倍成果

不況を乗り越えられるような、
ビックアイデアが出ない。
会議はいつも堂々巡りで憂鬱。
(30代・営業)
仕事の前倒しが苦手で、
毎回ギリギリになって冷や汗。
(30代・SE)
自分の人生を
見失ってます……。
(30代・営業)
日々、雑務に
忙殺されています(泣)。
(20代・経理)
突発的な仕事が多くて、
スケジュール管理、
できません!!
(20代・企画開発)

## 最強のウェポン「トランスフォームマネジメント」

私は、人材育成コンサルタントとして、年間200回前後の研修、講演活動をしています。内容はタイムベースマネジメントや交渉、プレゼン、営業などの技術向上です。また、そのスキル以前の〝土台〟となるような〝人材育成〟が私のライフワークでもあります。

私がこの仕事を始めた15年前は、タイムベースマネジメント等のスキルそのものが知られていない状況にありました。ですから、「スキマ時間はこのように使いましょう」「プレゼンでは、こんなアイコンタクトの仕方が効果的ですよ」というように、受講者に〝教える〟ことでコンサルタントも成り立っていました。

ところが、今はまったく状況が異なります。

受講者の知識は圧倒的に底上げされていて、15年前に教えていた内容は、新入社員の段階で、すでに知っている人が多くなっています。

ですから、コンサルタントも、相当に自分を磨いて高めていかないとやっていけない時代です。昔の知識を典型的な大学教授スタイルで、十年一日《いちじつ》のごとく教えるスタイルは、もう通用しないのです。

先日も、睡眠を減らし能力開発をしていく〝短眠術〟の本を書きました（『脳に効く「4時間！」短眠法』）。

たまたま大学生の娘が近くにいて、「何の本を書いているの？」と言うので、「睡眠を短くする本」とだけ答えました。

すると、

「あのね、睡眠にはレム睡眠とノンレム睡眠というのがあって、約90分で1サイクルになってるのよね。だから、これが4サイクルで6時間、5サイクルで7時間半くらい。年々ビジネスパーソンの睡眠は減少傾向にあって……」

などとペラペラ言うのです。

「よく知ってるね」と言うと、「そんなの常識」と返されてしまいました。

娘は別に特別な勉強をしているわけではありません。ボランティアの好きな、どこにでもいる19歳です。

それでも知識は、コンサルタントの私でも「へーエ」と思うくらいに持っています。これが現状です。

私は、研修ではもう偉ぶって教えません。受講者には、**①徹底的に考えてもらい、②現場で使う行動レベルに落とし込ませます。**知識は、ネット時代の今、それだけではまったく用をなさなくなっています。

たとえば、以下のように質問し、アイデアを出させます。

「時間を奪い取る〝時間泥棒〟の中に、『明日やろう』『そのうちやろう』と、仕事を先に延ばす癖があります。私は『明日病』といっています。さあ、どうしたら今すぐ着手できるでしょうか?」

そうすると必ず「すぐやればいい」といった意見が出ます。

「確かに、すぐやればいいですね。でも、どうしたらできますか?」

という問いでさらに突っ込んで深めていくと、「PCの横にやることを書いて貼り出しておく」とか「上司や同僚にいつまでやるかを公言してしまう」といったアイデ

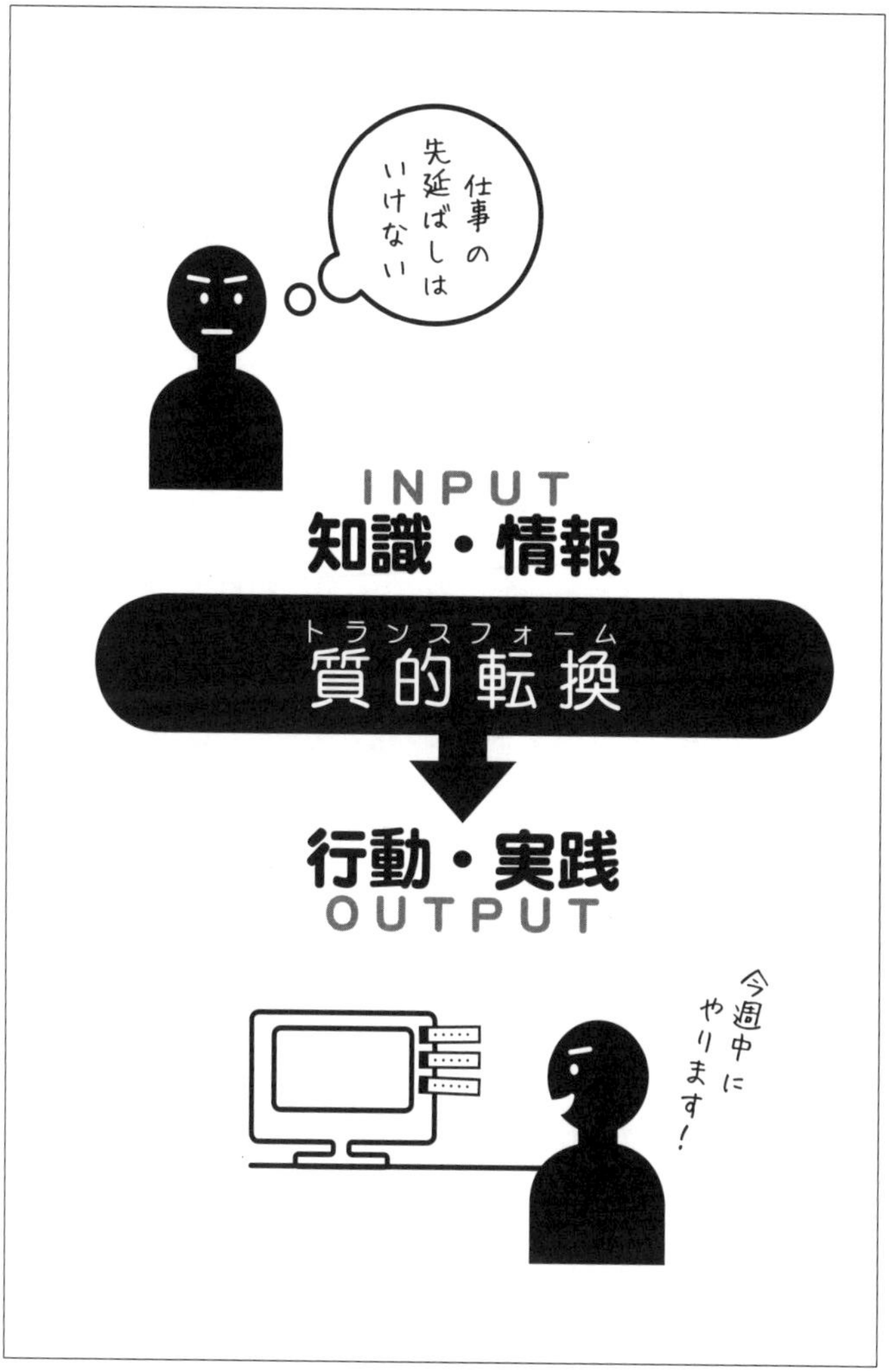


トランスフォームマネジメントの本質

アが具体的に出ます。これが、〝行動レベル〟です。

「具体的にどうしたらいいのか？（How to do）」がなければ、机上の空論であり、いたずらな理論理屈にしかすぎません。まさに白隠禅師《はくいんぜんじ》（江戸中期の臨済宗の僧）の言うところの戯論《けろん》、無意味で利益のない議論ですね。

「仕事は先延ばしにしない方がいい」ということは誰でもわかっています。そこをいかにして行動につなげていくかが肝心なところでしょう。

さて、私の身近な例をあげてみましたが、これからの時代のマネジメントは行動レベルに突入します。どんなに偉い先生の言葉も、「実行するとしたらどうするのか」「行動レベルに落とし込むとどうなるのか」を常に考えなくてはいけません。

このように、**インプットした知識・情報を、具体的に行動・実践レベルへ落とし込み、アウトプットを促す質的転換をはかる技術こそ、今後１００年のマネジメントに求められること**です。私はこれを「**トランスフォームマネジメント**」といっています。

そして、このトランスフォームマネジメントを、自分の仕事能力にどのように活用していくかという方法を、「**トランスフォーム仕事術**」と名づけたのです。

## 究極のスピードスキル×4で自己能力10倍！

私はずっと、自分を磨き高めることを趣味としてきました。

他の著書でも述べたことがありますが、私は強度のあがり症で、自分に自信がもてない人間でした。そう思い込んでいたのです。

同時に、「自分を成長させて、人間力をつけたい。あがらずに堂々と人前で話ができるようになりたい。人を動かすことのできる人になりたい」、そう思い続けていました。

武道、ヨガ、瞑想、話し方教室、坐禅……ありとあらゆるチャレンジをしました。ヨガに関しては「インドに行って体感してこよう」と思い、20代の一時期、フラリと放浪していたこともありました。

今は、その体験の中から得た知恵を、多くの方々に伝えていくことが私の夢です。

あの頃は、500人の前で人を動かすようなスピーチができるようになるなど夢のようでした。なにしろ、小学生の時、先生から質問されて、すぐに答えがわかっても手があげられなかったくらいですから。指名されて発言すると、顔が赤くなってしまって、シドロモドロになってしまうからです。

もちろん、あがり症なんて大したことではありません。今はそう言えます。ですから、悩んでいる方には、最速で堂々と話せるようになる方法をお伝えできます。

同じ人間が、ガラリと変わる。これは、トランスフォームなのです。

コンサルタントという仕事を通して、多くの人と接してきましたが、新たな学びや行動をきっかけに、成長していく人をたくさん見てきました。こうした私自身の体験から、誰にでも自分が変わるための〝芽〟はあり、花を咲かせることができると確信しています。

私は、この自己能力を開花させるトランスフォーム仕事術を、基本となる**「時間術」と「4速スキル」**として、本書でお伝えしていきます。

詳細は次章以降に述べていきます。

ここでは、**すべてのスキルの根底にあるのは、「時間意識」と「目標意識」である**

**時間術**

タイムベースマネジメント

＋

**4速スキル**

①スピードリーディング …………「速読」
②スピードシンキング ……………「速考」
③スピードライティング …………「速書」
④スピードプレゼンテーション …「速プレ」

＝

**トランスフォーム仕事術**

トランスフォーム仕事術

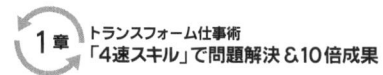

と知っておいてください。私は併せて〝志をもつ〟と言っています。

**「学は立志より要なるはなし」**（佐藤一斎）といいます。私の好きな言葉の一つです。

すべてのトランスフォームのスキルは、その寄って立つベースとして、志、「タイム・イズ・ライフ」という信念が欠かせないのです。

それは、「何のためのトランスフォームか？」という問いかけの答えでもあります。

## 効率化は「目的」ではない？

現在流行っているタイムベースマネジメントは、〝何のために効率化しているのか〟がハッキリしていないと、ほとんどギャグの世界に入り込みます。

以下は、あくまでも他意はないので、たとえと思ってください。

タイムベースマネジメントで、一番能率の上がる時間を**「プライムタイム」**という言い方をします。多くの人は午前中の2時間に当たります。

私は、早朝や午前の仕事のゴールデンタイム、いわゆるプライムタイムの重要性を説いています。「朝の2時間で一気に集中して、1日の大半の仕事をしてしまえ」という言い方もしてきました。

すると、当然、出社してすぐにフル活動をするために、早起きが必須となります。あなたは、早起きというと、何時くらいをイメージするでしょうか？

4時半か5時くらいでしょうか。

ところが、効率化そのものが目的化してしまうと、いたずらな競争になりかねません。3時、2時、1時……などとなっていくと、これはもう漫画でしょう。夜中の1時や2時を早起きとはいいませんし、「いっそのこと、前日に起きたら」と突っ込みたくもなります。

あるいは、私は、週の前半に勝負をかけてノルマをこなす方法を、「仕事への決戦日は水曜日」というテーマで本に書いたこともあります（『仕事は水曜日までに終わらせなさい』）。しかし、それが火曜日、日曜日となっていって、「その週の仕事を前の週の土曜日までに」などと言う人も出てきます。

つまり、いたずらに効率化を競っていくと、ただのダンピング、値下げ競争と同じで誰もハッピーにならないのです。

私が効率化の最大の過ちと感じているのが、「効率化して空いた時間をどのように使うか」という時間の使い方です。多くの人は、「そこに新しく仕事を入れる」と答えます。私の研修の受講者も皆そう答えます。

さらに私は尋ねます。

「そうすると、また忙しく仕事に追われるようになりますね。どうしますか?」

「やっぱり、もっと効率化します」

「そのあとできた空いた時間はどのように使いますか?」

「……仕事を入れます……」

「それではいつまでたっても、いくら効率化しても、バタバタと忙しいのではありませんか?」

「……」

というわけです。

つまり、何のために効率化しているのかがハッキリしていないと、**効率化したために、ますます忙しくなる、仕事に追われる**というジレンマに陥ってしまうのです。

それなら、何もせずにいた方が、まだのんびりできるでしょう。

ですから、**志、目標意識が土台**だというわけです。

もっと時間そのものに対して感覚を鋭くして、意識を高め、ハッキリとした人生の目標をもつこと。その実現のために、時間を上手に使っていくのです。

効率化は手段であって、それが目的ではありません。

## 〝志〟こそ質的転換《トランスフォーム》の起爆剤

先に述べたように、タイムベースマネジメントの根底にあるのは、志、夢、人生目標です。

私は、12年前に「志」をテーマに本を書いたことがあります（『「志」の論理――なぜあなたは納得できないことをし続けるのか』）。

その時、志の条件として、次の二つをあげました。

**1．無私であること**

**2．長期にわたること**

ですから、自分の欲のために何かをしようと願うことは〝志〟には値しないのです。

また、すぐ実現してしまうようなことも、志とは呼びません。極端に言うと「2カ月以内に東京ディズニーシーに行く」というのは志にならないわけです。

しかし、それらの条件を満たしているとしても、その志を必ず実現しなくてはならないのかというと、答えは「ノー」です。

仮に、実現に向かっている途中でそれが果たせなくなったとしても、志をもって生き抜いていくことそのものに価値があります。

たとえば、坂本龍馬は、蝦夷《えぞ》地を開拓するという志半ばで亡くなっていますが、龍馬が人生の成功者ということに異論はないでしょう。

つまり、実現したかどうかは二の次であって、志があること、志をもって生き抜くことが人生の成功というわけです。

こう言ってしまうと身もふたもない、と思われてしまうかもしれませんが、タイムベースマネジメントのスキルというのは、この志から比べたなら、小さなことにすぎません。

志そのものが優先度の一番高い〝仕事〟であって、その他もろもろは、それのオマケ、付録というくらいでしょう。

ただし、オマケだから、手を抜いていいということではありません。

タイム・イズ・ライフ、時は人生そのものですから、真剣に生き抜くべきであることは言うまでもありません。

あなたには、「これを実現するためにこの世に生を受けたのだ」と言い切れるような、志はあるでしょうか？　**大きな、揺るぎない志をもった時に、あなたのスキルは実践化、行動化されていきます。**そしてこの志こそが、「なぜ仕事を効率化していくのか？」の答えにもなっています。

志を実現させるため、そのための効率化なのだというベースさえしっかり押さえておけば、あなたは安心して効率化に取り組んでいけます。まずは志ありき、なのです。

## 「まず行動」が大切なわけ

志を立てたら、次に必要なのは**「行動」「実践」**です。

今から30年前に、私はヨガ修行のために北インドのヨガアシュラムにいました。周囲には、ヨガの修行場だけでなく、ヒンズー教の寺院が数多くありました。そのヒンズー教の寺院では、次のように教えられていました。

意識を変えれば　行動が変わる
行動が変われば　習慣が変わる
習慣が変われば　人格が変わる
人格が変われば　運命が変わる

心理学者のウィリアム・ジェームズも、行動を習慣化することなしには大きなことを成し遂げられない、と述べています。

もしもあなたが、今までの仕事の進め方に不満があり、ちっとも効率が上がらないと感じていたら、トランスフォームマネジメントへの意識をもたなくてはいけません。

とにかくまず、ウィリアム・ジェームズやヒンズーの教えのように**行動すること**から始めましょう。とにかく手をつけること、ここからトランスフォームが始まります。

先に私は、志や人生目標が行動・実践を促すということに触れました。

ただ、行動・実践をするにあたって、考えねばならないことがあります。

志・人生目標と現状のギャップを埋めていくために〝今何をするのか〟ということです。

よくあるのはトップダウン式で、上から下に落とし込む方法です。

たとえば、大目標を、「一部上場企業を立ち上げる」としたとしましょう。

そのためには中目標として、「売上げ10億円を超える」「従業員を200人にする」など、具体的な数字を考えます。

さらに、「関東地区で業界NO1の売上げ」「東京に支店を20つくる」など、中目標に至るまでの小目標を立てていきます。

上から下に降ろしていって、その上で、「今日何をしたらいいのか」を考えるわけです。すると今度は、今日やっていることが本当に大目標につながるのか、不安になることがあります。

これは、志望校に合格するために、毎日外国語を10語覚えるとか、方程式を五つ解くというようなやり方に似ています。石運びをしていても「自分は城を造っている」と言い切れる豊臣秀吉のような才があれば別でしょうが、今やっていることと大目標とのつながりはわかりにくいのです。

目的地がハッキリしないと、北海道へ行くのか沖縄へ行くのか、わかりません。

しかし、目的地だけわかっても、〝今〟どうしたらいいのかはなかなかわからないでしょう。徒歩で行くのか、車か、ヘリコプターか……。

そこで私は、行動すること、まずやってみることをお勧めしたいのです。

**目的地がハッキリしたら、とにかく歩き始めてしまいます。**

その上で、やはり車がいいと思えば乗り換えればいいし、飛行機で行ってもいいわけです。

「動きながら考える」「修正を加えながら動く」ということです。

これは、トップダウンのやり方とは異なります。とにかく動いてしまうのです。

目的地さえハッキリしていれば、必ず、志す処に至ります。

最近流行りの脳科学においても、脳は情報を認知する「感覚系」と情報を出力する「運動系」の働きがあり、この二つをつなげるためには、まず出力・行動する必要があることがわかっています。

私は28歳の時に初めて本を出しました。

この時も、「本を出す」という大目標を掲げていただけで、実際に始めたのはとにかく原稿を書き始めるということでした。

常識的なトップダウン式なら、出版社を決めたり、売り込みのスケジュールを立てたりするわけです。しかし、トランスフォーム仕事術では、まず行動します。

このように、トップダウン式の「売り込み先を決めてから書く」のとトランスフォーム仕事術の「とにかく書いてから売り込む」のとでは、アプローチの方向性がまったく異なるのです。

もちろん、トップダウン式をすべて否定はしませんし、私もそのやり方をとることは多くあります。

しかし、まず行動してみることで、小さくてもいいので何か成功体験をしてみてください。世界がガラリと変わりますよ。

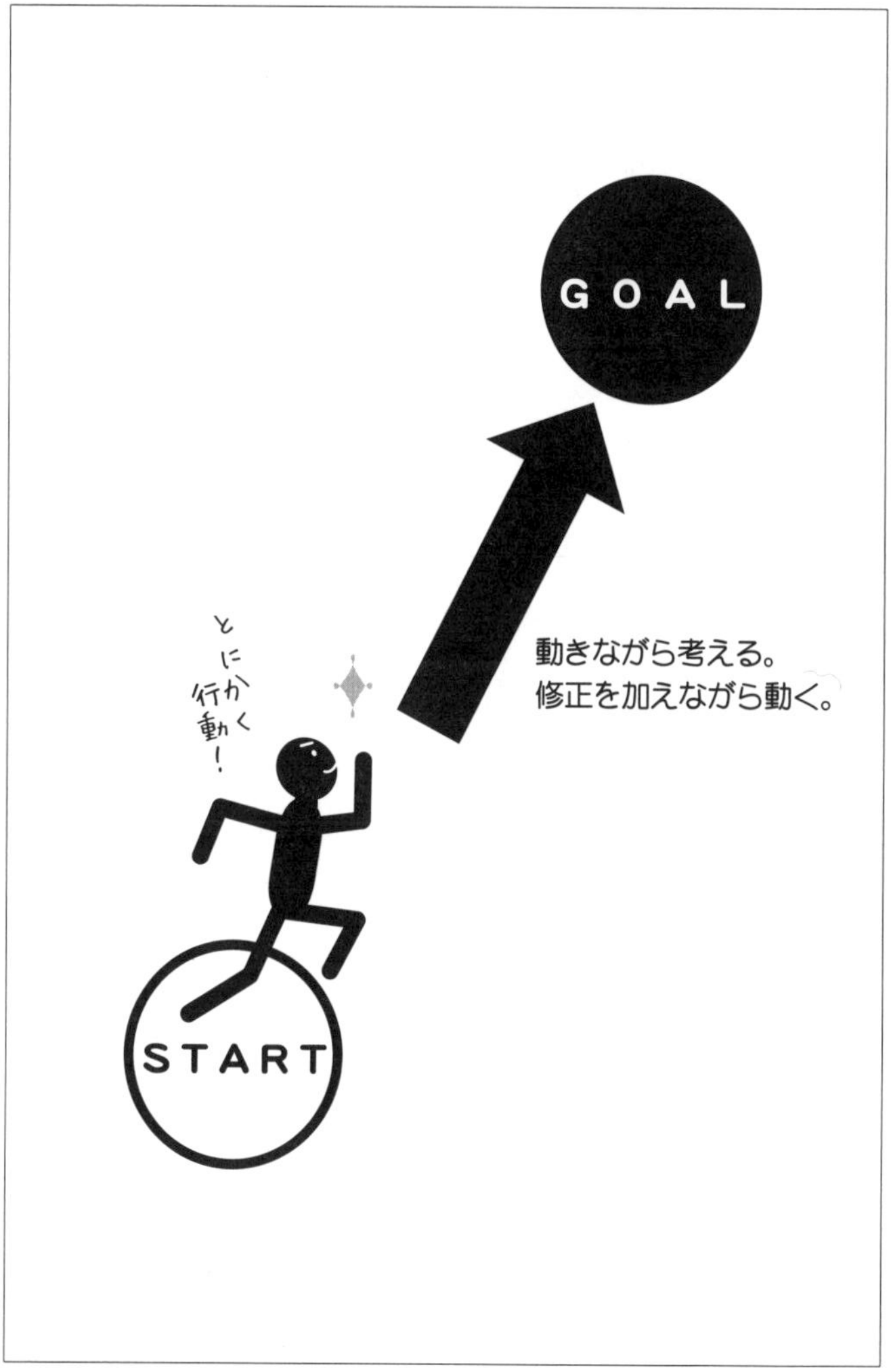
GOAL
とにかく行動！
動きながら考える。
修正を加えながら動く。
START

トランスフォーム式目標達成法

# 人生がガラッと変わる"成果の方程式"

あなたにはどのようなビジネス上の悩みがありますか？

悩みと言うのがおかしければ、解決したいと願っている問題は何でしょうか？

代表的なものをいくつかあげてみましょう。


「不況打開のための、ビジネス上のアイデアが出てこない」

「会議が長くて、自分の仕事の時間がとりにくい」

「情報が多すぎて、何を集め、どう処理していいのかよくわからない」

「報告書が上手に書けない。うまく自分の考えをまとめることができない」

「説得力のある交渉、営業、プレゼンの力がない」

「自分の考えを正しく伝えられない」

「スケジュールの変更が多いので、予定が立てられない」

「目先の仕事に追われてしまい、優先順位をつけることが難しい」

この他にも、あげていけばキリがないほどでしょう。

しかし、根は一つなのです。

**これらはすべて、あなたが志、夢、人生目標を鮮明にしていないことから生じてくる**ものです。

スキルが未熟だから、というのは小さな一因にしかすぎません。

37ページの「成果の方程式」で言うと、Aが一番強力で、これさえあったなら、実はどんな悩みも小さくなると言っていいくらいです。

そのことに気づき、あなたの行動を変えれば、あなたの人生はガラリとトランスフォームされていきます。

それこそ、私が本書を世に問う意味でもあります。

つまり、**大きな志、夢、人生目標をもった上でトランスフォーム仕事術を実践していけば、「あらゆる問題は解消できる」「驚くほど成果が上がる」**ということです。

さあ、これからいよいよ、実践編に入っていきます。

くれぐれも忘れないで欲しいのは、「現場でどう使うのか?」という問題意識を常に頭に置いておくことです。

もしもそれが徹底できたら、あなたは本書で「人生が変わった」と言えることでしょう。

では、成功への旅に出発しましょう。

仕事上の問題解決力、成果

＝

Ⓒ日々のヤル気、集中力、協力者の有無など

＋

Ⓑ仕事のスキル

×

Ⓐ志、夢、目標の鮮明さ

成果の方程式

トランスフォーム
ポイント

# トランスフォーム仕事術
## ――知識から行動への質的転換

**基本時間術**
○タイムベースマネジメント

**4速スキル**
①スピードリーディング「速読」
②スピードシンキング「速考」
③スピードライティング「速書」
④スピードプレゼンテーション「速プレ」

※重要ポイント
・志、夢、人生目標の設定
条件①無私であること　条件②長期にわたること
・行動力（とにかく実際にやってみる）

← **問題解決＆成果10倍**

# 2章

## タイムベースマネジメント

# 思い通りにコントロールする時間術

貴重な休日を、ダラダラと寝て過ごしてしまう。
（20代・企画）

スケジュール通りに仕事が進みません……。
（20代・開発）

やりたいことがあるのに、努力が続かない。自己研鑽の時間を捻出できない。
（20代・事務）

抱えている仕事の中でも、重要な仕事ほど片づかない。
（20代・経理）

「急ぎでやってくれ」「最優先でやってくれ」「〇時までにやってくれ」……板ばさみの毎日です。
（30代・SE）

# 今すぐ時間の質が高まる簡単ルール

それでは、トランスフォーム仕事術の基本となる時間術、タイムベースマネジメントについて述べていきましょう。

あなたは寝坊してしまい、駅までの10分間を走ったとします。気もそぞろ、ハアハアいいながら「遅刻したら大変」とあせっています。

一方、別の日に同じ距離を「よし、駅まで体を鍛えるためにジョギングしよう」という決意のもとに走ったとしましょう。

走っているという行動も、同じ10分という時間もまったく変わりませんが、後者の方が心にも体にも好影響を与えるのは言うまでもないことです。

また、「将来は店の経営をするから、さまざまな仕事を覚えよう」と思って雑用をするのと、「こんなことしたくもない。俺は頭がいいのに」と不平不満の思いで取り組むのとでは成果が大きく異なります。

同じ時間、同じ行動をしていても、イヤイヤするのと、ウキウキとして好奇心をもって楽しむのとでは、その〝質〟が違ってくるのです。

つまり、**時間はあなたの心のスタンス次第**なのです。

投下する時間は同じでも、**時間の質が高ければ、成果は大きくなる**というわけです。

これは、どんなタイムベースマネジメントのスキルを用いるとしても、それに先立つルールと言えるものです。

一番いけないのは、問題意識もなく、何の気なしにただボーッと仕事をしていることです。もちろん「イヤだな」と思いながら仕事をすることが論外なのは言うまでもありません。

タイムベースマネジメントというと、どうしてもスキルばかりに目が行きがちです。しかし、その根本にあるのは先述したように志をもつことであり、どんな心構えで仕事に取り組むのかという日頃の心構えや意識なのです。

時間の質は心のスタンス次第で上下する

ここで、今後のあなたのテーマができました。

それは**「イヤイヤ仕事をしていないか？」「前向きに、時間の質を高めていくという意識をもって仕事をしているか？」**という点を、常に自問しながら仕事をしていくことです。

〝今〟あなたはどうでしょうか？

## 人生は〝今日〟にかかっている

時間に対しての意識を高めるためには、「時間の価値を知れ」とよく言われます。

つまり、自分の時間価値がわかれば、もっと真剣に時間を使っていくというわけです。

しかし、私はもっと根源的なところにまで目を向けて欲しいと思っています。

あなたは、明日も明後日も、10日後も、来年も、5年後も……いずれ訪れるであろう未来として認識することはできます。

しかし、**今日1日という枠の中であなたが〝体験〟できるのは、言うまでもなく、〝今日〟しかありません。**いまだかつて明日を体験できた人は一人もいません。


私は、人一倍悩みの多い人間でしたので、多くの自己啓発書を読みました。

企業では新入社員の〝定番〟とも言える、人間学、スピーチの大家デール・カーネギーの『道は開ける』では、〝悩みに関する基本事項〟として「今日、一日の区切りで生きよ」といった内容のことが書かれています。

つまり、「実感できるのは永遠に今日だけ」なのです。悩んだとしても今日1日だけのガマン、そう思うとスーッと気が楽になります。

私はいつも、今この瞬間も**「一日一生」**と思って生きています。つまり、現実には今日しか体験できないということは、今日1日の積み重ねが一生なのです。そう思えば、時間の質はイヤでも高まっていくわけです。


これからは、「今日1日だけでいい。真剣に取り組もう」と、自分に言い聞かせて仕事に集中してください。

どんなにつらくても、「今日1日のガマン」と思って、平然とブチ当たっていきましょう。

そして、**「今日1日だけ、充実させよう」**と、心から楽しむことです。

すると、不思議なことに、仕事は効率的になりますし、プライベートも楽しめて、いつのまにかワークライフバランスがとれていくのです。

そして、驚くことに、**そのことで〝一生〟充実して生きていける**のです。

タイムベースマネジメントの基本は、まずはスキルではなくて、このように心のスタンスを変えていくことです。そうすれば、さまざまなスキルを用いていなかったとしても、すでに知識はトランスフォームしつつあるのです。

加えてスキルを駆使したなら、まさに鬼に金棒。トランスフォームが加速されていきます。

## やっぱりすごい〝習慣の力〟

一日一日を積み重ねていく中で、〝習慣の力〟は見逃せません。

私の好きな言葉に「積小為大《せきしょういだい》」があります。

私はこの言葉を常に念頭に置いて、今までも〝大きなこと〟を成し遂げてきました。大きなことといっても、客観的には大したことはありません。あくまでも〝私にとって〟ということです。

私にとって「本を書くこと」は、大切な仕事の一つです。

他の著書でも述べていますが、今、私がビジネス書を書く際の、かけ値なしのスピードというのは、知識のある分野であれば、午前中のプライムタイムの**2時間で、4万字前後、400字詰めの原稿用紙100枚**です。

正味三日集中すれば1冊分は書けるのですが、以前は、手抜きをしていると思われるとイヤなので、〝わざと〟2、3カ月先の日に原稿を渡していたこともあります。

今は、スピードが売りの一つにもなっているので、なるべく早く渡すようにしています。ただ、私は人材育成コンサルタントとして、企業内の研修や講演会などをしているので、なかなか物理的に集中して書く時間がとれず、結果として2週間、3週間後に編集者へ原稿を渡すこともあります。それでも、本当に集中して書いているのは、1冊の場合、長くて五日間くらいのものです。

1年365日、もしも五日で1冊ペースなら、年に73冊の本が書けることになります。現実には、そうはいきませんが、それでも、ここ何年かは月1冊ペースで本を書いていています。その結果、**私の著書は120冊を超えました**。これは私にとっては大きなことなのです。以前は、「自分の年齢以上の冊数の本を書く」ことが目標でしたが、それを優に超えています。

もちろん、書くスピードが、1日にして〝2時間で4万字〟になったわけではありません。〝小さなこと〟ですが、私には毎日実践していたことがありました。

新聞や月刊誌へ投稿するために、**毎日400字〜500字、原稿用紙のマス目を埋める**、ということをしていたのです。4万字ではなくて400字です。100分の1

の分量です。

もちろん、初めは、書く内容なんてないわけです。しかし、毎日やっていると、不思議に自分の意見、考えがまとまってくるのです。

それまでは、本を読むというインプットがなければ、書くというアウトプットができないと思っていました。しかし現実には、書くというアウトプットをしていると、ますます書ける、ということがわかりました。

400字1枚、しかし毎日続けること。それだけで、2時間で4万字を書けるようになったのです。まさに積小為大ですね。

このように、**小さなことの積み重ねが、やがては大きな成果につながっていきます。**

私は、毎日1時間のウォーキングをしていたのですが、つい最近ランニングに切り替えました。そして、10キロマラソン、ハーフマラソンまではチャレンジしていくつもりでいます。今は毎日15分のランニングしかできませんが、やめないで続けたら、フルマラソンにも通じていくはずです。そのうち「走りましたよ」と報告できると思います。

あなたはどうでしょうか?

「大きな声で挨拶する」「外国語の単語を三つ覚える」など、ほんの小さなことでいいのです。しかし、**毎日続けて習慣にしてしまうこと**が大切です。

## TO-DOリストは〝1週間単位〟が効果的

ここからは、時間をコントロールする具体的なスキルを紹介していきましょう。

TO-DOリストは〝1日単位〟で作成している人が多いようです。

実際に、私が年100回くらい行っているタイムベースマネジメントに関する研修の受講者を見ていてもそうです。

私はこれを**「1週間単位のTO-DOリストにしましょう」**と提唱しています。

メリットはいくつもあります。

## 1 達成感を得られる

1日ごとのTO-DOリストだと、仕事の〝やり残し〟が出てしまい、フラストレーションになることがあります。

1週間単位にすると、多くは1週間の中で達成できるので、「ヤッター」という感覚を多く味わえます。つまり、**仕事のモチベーションが上がる**わけです。

## 2 何日にもわたる仕事もカバーできる

1日単位のTO-DOリストの弊害の一つは、仕事をパートに分けてしまうので、全体の流れ、つながりが見えにくいという点です。

たとえば、来週までに企画書を提出しなくてはいけない時、1日単位のTO-DOリストの場合、以下のように細分化していきます。

月曜日、企画のタイトルを考える。

火曜日、企画の本文を半分書く。

水曜日、企画の後半を書く。


これが、1週間単位のTO-DOリストにすると、

「プロジェクトAの企画書作成」

だけで済みます。1日単位だと細分化せざるを得ないので、建物を建てているというよりは、石や木を運んでいるような徒労感を味わうこともありますが、1週間単位になると、「全体」を通して考えられるわけです。

## 3 年間52枚で済む

1日単位のTO-DOリストの場合、仮に休日を入れて年間365枚。1週間単位だと52枚で済みます。私のようなファジーでズボラな人間には、これも大きな魅力で

す。紙の節約にもなります。

さて、この1週間単位のTO-DOリストを作る際には、**何曜日にどの仕事をするのか**をある程度決めておくとよいのです。ただし、これはあくまでも目安で、絶対その日にやらなくてはいけないということではありません。

1日単位で細かくリスト化するのではなく、少々ラフでいいので〝1週間でザクッと〟仕事をしていく感覚をつかんでみてください。いいものですよ。

なお、1日単位のTO-DOリストは〝アメリカ流〟のタイムベースマネジメントに多く、1週間単位のTO-DOリストはフランスを中心に〝ヨーロッパ流〟のタイムベースマネジメントに多く見られます。

フランス系の会社の知人が、「いやあ、本社から来る人が、12週目の木曜日とか、15週目の水曜日なんていう言い方をするので、初めは戸惑いました」などと話すのを聞くと、やはりヨーロッパでは、1週間単位のTO-DOリストが浸透しているな、と感じます。

1週間単位の TO-DO リストのメリット

## 時間を手中に収めるちょっとした工夫

自分では、コントロールできない時間があります。

これを「Time Holes」という言い方もしますが、いわゆる「スキマ時間」「端数のコマ切れ時間」のことです。

たとえば、あなたが営業でA社を訪ねたとします。

「課長の山田ですか？　申し訳ありませんが会議が長引いておりまして、15分くらいお待ちくださいますか？」

と言われれば、これは「会議をやめて来てください！」などとは言えませんので、予定外の時間が空きます。

あるいは待たされるばかりではなく、「午前中に二つの会議に出なくてはいけないが、どうしても中途半端な時間が20分間空いてしまう」などというのも同じです。

他にも、電車がトラブルで停まったとか、突然のクレーム電話で20分時間がとられたとか、気をつけてチェックしていると、何かまとまった仕事をするには短いスキマ時間が1日のどこかで必ず生じてくるものです。

このスキマ時間を有効活用するために、次の二つを実践しましょう。

## 1 スキマ時間専用のTO‐DOリストを持ち歩く

多くの人は、TO-DOリストにやるべきことを書いていることでしょう。

しかし、それだけではなく〝スキマ時間専用〟のTO-DOリストを作るのです。

そして、スキマ時間ができたらボーッと過ごさず、サッとリストに目を通して、その時間にできることを片づけてしまうわけです。

スキマ時間専用のTO-DOリストは、優先順位をつけてもあまり意味がありません。10分、15分という端数の時間にできることで〝**いつか時間があったらやらなくてはいけないこと**〟**をリスト化**します。そして、一つ一つできることからつぶしていくのです。

## 2 予測できるスキマ時間はスケジュールに落とし込む

スキマ時間は、ある程度予測できるでしょう。

「だいたい、あそこの会社では待たされる」

「この時期は渋滞が多くなる」

といった具合に、

**予測できる場合には、スキマ時間をスケジュールに落とし込んでしまいます。**

「15分余分にとっておこう」

「あえて30分ズラして、まとめて仕事をしてしまおう」

などという工夫をしてみましょう。

# できる人は〝見切り〟がうまい

私は、タイムベースマネジメントの手法の一つとして、6年くらい前から**「仕事を見切る」**ということを提唱しています。

従来の優先順位のつけ方は、重要度と緊急度のマトリックスで考えるやり方ですが、どうしても緊急性の高い仕事から手をつけがちになります。二つの尺度とはいうものの、急ぎの仕事ばかりやるので、結果として重要な仕事が手につかない傾向があるのです。

私はこれを**「プライオリティーのコップ理論」**と名づけています。

といっても大げさなことではありません。もし、あなたが仕事中にコップの水をこぼしたとします。どうしますか？　そうです。すぐに机を拭くでしょう。

緊急なことは、たとえ仕事以外でも、重要でなくても、すぐに手をつけざるを得ないというわけです。

しかし、このような緊急の仕事ばかりをやっていても、仕事の成果は上がりません。

そこで私は、従来の優先順位のつけ方を見直し、**「見切れる仕事」「見切れない仕事」を見極めて、重要度の高い見切れない仕事の方に目を向ける考え方**を提唱したのです。

「見切れない仕事」とは、**「あなたがやるべき重要な仕事」「個人情報や信用、安全、品質に関わる仕事」「人材育成」**などの、妥協が許されない仕事のことです。

「見切れる仕事」とは、**「人に任せていい仕事」「80点くらいの完成度で十分な仕事」「すでに必要十分な仕事」**のことです。

これ以上やる必要はないとわかった仕事、作業は、その時点でやめてしまうのです。上塗りは時間のムダになります。その分、あなたがやるべき仕事、重要な仕事に手をつけていくべきなのです。

最近はここに**「切り捨て」**ということも加えました。80点のデキどころか、初めから手をつけない、しないのです。

これは究極のタイムベースマネジメントの手法でしょう。初めからやらない仕事が増えるほど、自分のために使える時間はグーンと増えていくのです。

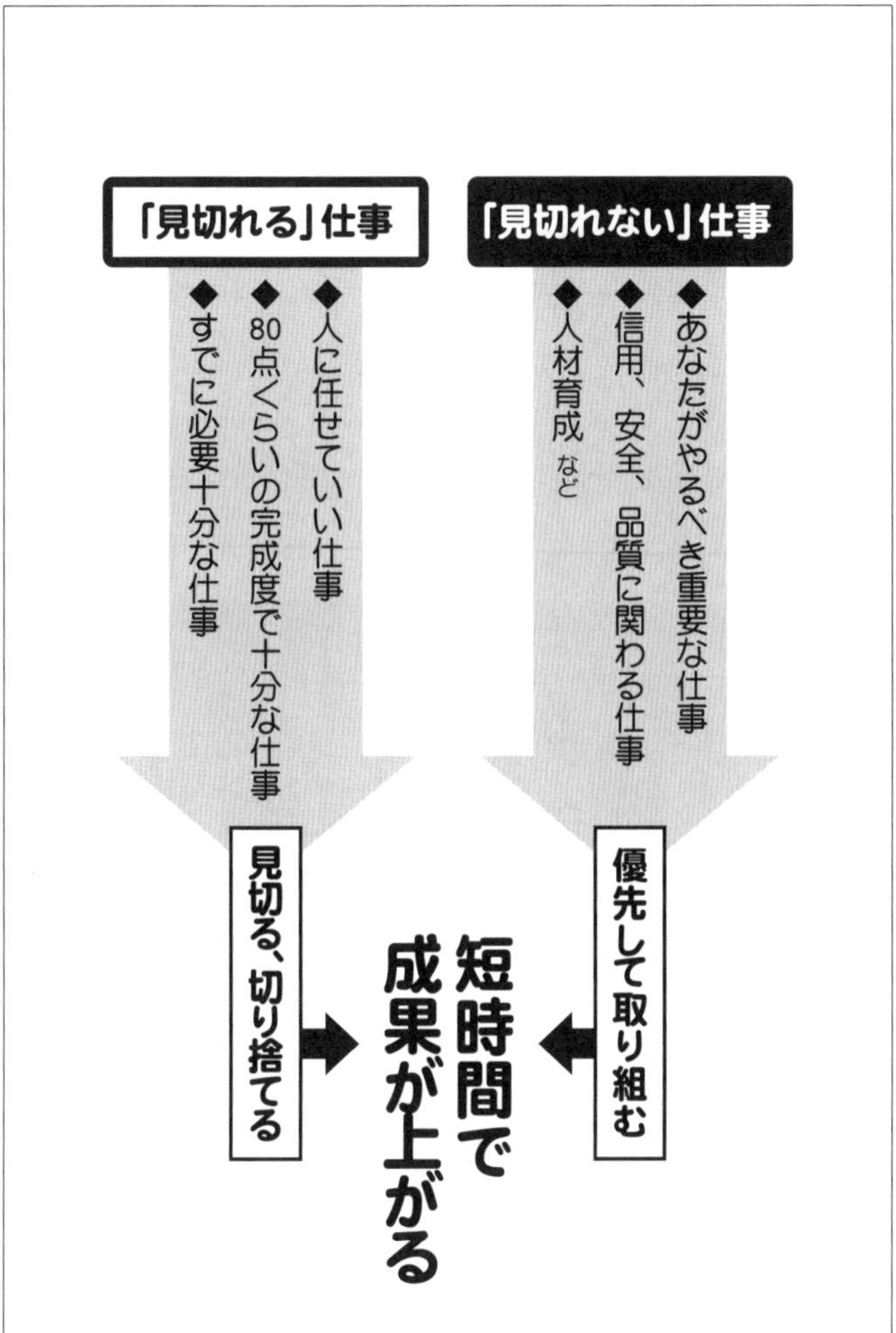
「見切れない」仕事
◆あなたがやるべき重要な仕事
◆信用、安全、品質に関わる仕事
◆人材育成 など
優先して取り組む
「見切れる」仕事
◆人に任せていい仕事
◆80点くらいの完成度で十分な仕事
◆すでに必要十分な仕事
見切る、切り捨てる
短時間で成果が上がる

仕事の優先順位のつけ方

## 時間のムダ「3悪」を追放する

次に、時間のムダを減らすスキルとして、**「タイムダイエット」**を紹介しましょう。

昨年、私はメタボ解消のために記録ダイエットをしました。タイムベースマネジメントも同じで、余分なことをしているというのは、体脂肪率を上げているようなものですから、減らしていくことを心がけたいものです。

タイムダイエットをするにあたって、まず初めにしなくてはいけないのが、**タイムスタディー（時間の使い方分析）**です。つまり、自分はどのように時間をムダにしているか、その〝癖〟を分析してみることです。典型的なウィークデイを使って、三日でかまいませんし、可能なら1週間、通しでチェックしてみてください。

まず、**自己完結型のムダ**を退治していきましょう。

自己完結型というのは、**自分一人の決意と行動で退治していけるムダ**のことです。

具体的には仕事中、プライベートそれぞれで、**「3悪」を追放**しましょう。仕事の3悪とは、**「ネットサーフィン」「メールのチェック」「探し物」**です。プライベートの3悪とは、**「テレビ」「ゲーム」「ネットサーフィン」**です。

といっても、ゼロにするのは難しいですから、〝時間を決めること〟です。たとえばメールなら1日2回、計20分までとか、午前1回、午後1回、トータルで30分まで、というようにルール化してしまうわけです。これだけでも30分から1時間は、どんな人でも〝使える時間が増える〟ものです。

これに対して、「長時間にわたる会議」「割り込み仕事」「クレームによる長電話」などの、**他者介在型の時間のムダ**があります。こうしたムダは、先に述べた「スキマ時間の使い方」や、「見切り」「切り捨て」、次項で述べる「タイムロック」などによって、コントロールしてみてください。

他者介在型のムダも、「必ず退治する」という強い決意を持ちましょう。あなたが変えていくつもりで行動していくのです。

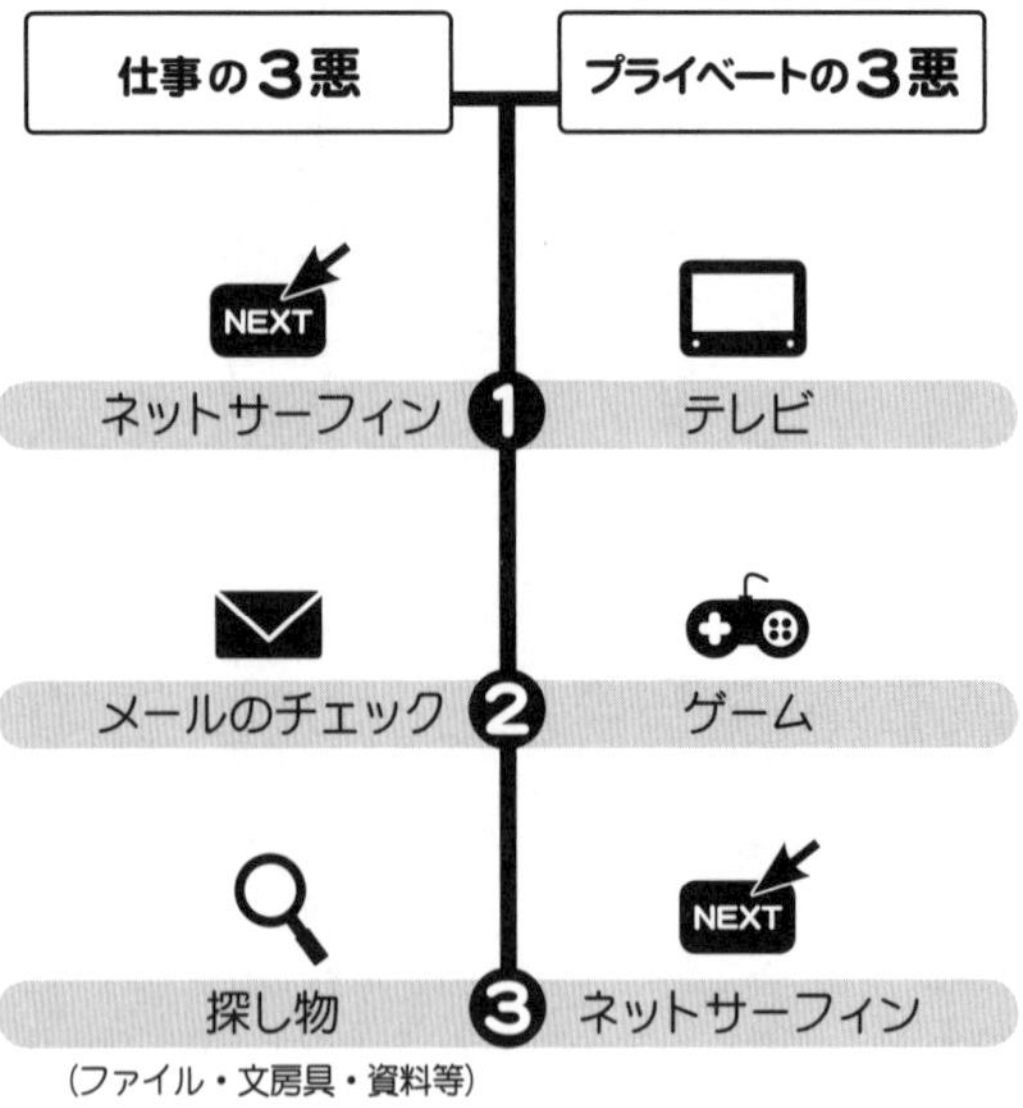


仕事とプライベートの3悪

# タイムロックで〝自分時間〟を確保！

もしもあなたが自宅にいて、どうしても自分の時間を楽しみたい、集中したい、邪魔されたくないと思ったらどうしますか？　つまり、電話や来客から一時的に逃れたいとしたら……。

そう、「居留守」を使うでしょう。

言葉は悪いですが、**〝会社内居留守〟をタイムロック**といいます。

あなただけの時間を生み出して、外部に鍵をかけてしまうわけです。国で言ったら鎖国状態と同じで、ロックしてしまって「自分の時間」を生み出すのです。

もちろん会社の中で仕事をしているからには、あまり何時間もタイムロックはできないでしょう。周囲の協力もいりますし、いくつかのタイムロック上の注意点はあります。

また、工場内で作業をしているとか、常に人と接しているとか、仕事の内容によっては現実にできない方もいることは言うまでもありません。そういう方も、「自分の時間を生む」というコンセプトは忘れないようにしてください。

## 1 周囲とのコミュニケーションをよくしておく

周囲とよい関係が築けていれば、「悪いけど15分」とか、「これから20分だけ、電話をとりつがないで欲しい」と頼むことができます。

協力者がいないと、自分ではタイムロックして集中したつもりが、「ハイ、竹下さん、電話」となってしまい、うまくできないものです。

また、間接的ではありますが、コミュニケーションをよくしておくと、仕事を頼む、任せるというような形で、あなたの時間を手にすることもできます。

## 2 解除する時間を明示しておく

仮に「会議で」「離席していまして」などの理由をつけたとしても、緊急な要件の場合に、いつ戻るのかがわかっていないと困ることもありますね。

そこで、「悪いんだけど、万一外部から電話が来たら、3時半に戻ると言って」「今から20分、会議にしておいて欲しい」など、ロック解除の時刻は伝えておいてください。

そうすれば、安心して自分の時間に集中して仕事ができます。

## 3 場所を変えてみる

状況によっては、〝上司から近い〟〝周囲から仕事を頼まれそう〟〝電話機が近い〟など、タイムロックがすぐに邪魔されそうな環境にある人もいるでしょう。

あるいは、会社として忙しい時期ということもあります。

しかし、タイムロックは「あなたの仕事をする時間」「あなたが自由になる時間」をつくることであって、15分、20分でしたら、やはり、あなたは「自分優先」でいいのです。タイムロックして自分の大切な仕事の一部を片づけたあとで、周囲に協力しても決して遅くありません。

これを逆にしますと、いつでも自分の仕事、時間は後回しになって、常に時間に追われることにもなりかねません。

**タイムベースマネジメントは、あなた自らが自分の仕事、時間をコントロールし、周囲の人を動かしていくこと**なのです。

決して逆であってはいけません。

仕事に振り回され、時間に追いかけられ、周囲の人に動かされてしまうことを避けるためにも、タイムロックが可能な人は、週に2、3回、1回15分、20分という短時間でいいので、やってみてください。

## 仕事能率をUPする「いい睡眠」

本章の最後に、睡眠についても触れておきましょう。

タイムマネジメントの究極の一つに「短眠術」がありますが、本書は睡眠の本ではないので、詳しくは他に譲ります（『脳に効く「4時間！」短眠法』）。

ここでは「惰眠はいけない」と言っておきたいと思います。惰眠を減らし、睡眠の質を高めることで、時間をより有効に使うことができるようになるのです。

以下を心がけるだけでも、質のよい睡眠になります。

**○小食にして内臓の負担を軽くしておく**

**○心の平安を心がける**

**○眠る前に体の歪みを取り除く（ストレッチ）**

さらに、次の三つのポイントを実践して、惰眠をしない習慣を身につけてみてください。

## 1 起床時間を厳守する

現代のビジネスパーソンは、なかなか就寝時間を一定にすることは難しいでしょう。残業やつき合いもあるし、プライベートも忙しい人は、バラつきがあって当然です。だからといって、それを口実にダラダラしていてはいけません。起床時間を5時と決めたら、何としても5時を厳守する。

そんなことから、時間を自在に操る道が開けてきます。

## 2 日中は、汗、声、知恵を出し切る

残留エネルギーがあると、熟睡はしにくいものです。

体を意識的に動かして、エネルギーを使い切りましょう。デスクワークが長ければ、一駅手前で降りて歩く、万歩計をつけて1万歩までは歩く、昼休みは少しでもスポーツをするなど、体を動かして、汗を流す努力をしましょう。

エネルギーを使い切るには、声を出すことも有効です。プレゼンでも、会議の発言

でも、カラオケでもかまいません。

そして、アイデア、知恵を昼間のうちに出しまくり、「脳」を使い切りましょう。

頭と体を使い切れば、そのままストーンと深い睡眠に入れるのです。

## 3 眠る環境を整える

これは、明るさや布団の重さ、枕の高さなどを考えることです。

軽いナイトキャップ（寝酒）やミルクを飲むとか、あるいは、眠りにつきやすい本や小説を読むような、いわゆる〝セレモニー〟もよいでしょう。

また、眠る前にパソコンを使うことは避けましょう。パソコンの画面は1000ルクス以上もあります。このような強い光は、入眠を促すメラトニンの分泌を抑制してしまいますので、入眠直前は避けるように注意したいものです。

トランスフォームポイント

# タイムベースマネジメント「時間術」

□問題意識をもち、時間の質を高める
□今日を精一杯生きる（一日一生）
□小さな努力・習慣を積み重ねる
□TO-DOリストは1週間単位で作成する
□スキマ時間をフル活用する
□見切れる仕事は手放し、重要な仕事を片づける
□タイムダイエットで「3悪」を追放し、時間を創造する
□タイムロックで自分の時間を確保する
□睡眠の質を高め、仕事能率をUPする

3章

4速スキル①

# スピードリーディング「速読」
# 一気に20倍速に上げる読書術

読書をしても集中力が続かず、
すぐに眠たくなってしまいます。
（20代・人事）

不況時代に生き残るための
勉強法を知りたい。
（30代・営業）

大事な情報のみを
ピンポイントで発見する能力を
鍛えたいのですが……。
（30代・企画）

どうすれば、いい本に
めぐり合うことができるか。
（20代・経理）

1日1冊読破するための
速読ポイントを知りたい。
（30代・総務）

# 問題意識をもつだけで読むスピードは上がる

2章では、トランスフォーム仕事術の基本となる時間術、タイムベースマネジメントについて述べました。

本章から、4速スキルに入ります。

私は、自分でもやってみたことしか、お勧めはしていません。これは、人材育成コンサルタントとしての私の信条でもあります。できもしないことは決して言いません。少なくとも、誰でも手軽にできるスキルを紹介していきたいと思っています。

4速スキルの1番目は、スピードリーディング（速読）です。

私は現在、月に100冊以上は読書をしますので、それなりのスピードで読むことができます。そのスキルはこれから明らかにしていきますが、まず、くれぐれも、〝何のために〟という目的だけは外さないようにしてください。

私の目的ですか？

「あー生きていてよかった、と言える充実した人生を味わうため。

愛する人と共に過ごすため。

おいしい食事とワインを気のおけない仲間と愉しむため。

娘の成長を見守るため。

人材育成という尊い使命をまっとうするため……」

そのために、スピードリーディングをしていくのです。そんなに大した目的ではありません。それでも、ただスピードリーディングそのものを目的にしているよりは、ずーっとマシです。

あなたの夢、志、人生目標……。

その実現のために、スピードリーディングをマスターしていきましょう。

目的、志を確認したら、次に大切なのが**「問題意識」**です。**「興味関心のあるテーマ」「好きな分野」**という言葉に置き替えて考えていただいてもかまいません。

私はいくつかの好きな分野、テーマをもっていますので、それに関しての本や雑誌、文章については、超スピードリーディングができます。
思いつくままにいくつかあげてみましょう。

**○武道　○ハングル　○エステ　○風水　○占い　○明治維新　○白洲次郎**
**○ヨガ　○糖質制限　○ランニング**

まだありますが、このようなテーマにかかわる文章に出会うと、ワーッという勢いで、一気に読んでしまいます。これは、特にスピードリーディングをしている意識はありませんし、他のスキルを特別に用いている気もしません。しかし、結果としてはアッという間に楽しんで読んでしまえるのです。

実は、つい数時間前にも、高校時代に師事していた空手の先生に関する本を書店で見つけて、450ページに近い大著をパーッと読了してしまいました。また、最近ランニングを始めましたので、走ることについての文章も、かなりのスピードで読んでしまいます。

あるいは数年前、知人から「ネパール旅行をするので、何か情報があれば教えてくださいね」と言われました。すると、やたらにどこへ行っても「ネパール」という文字が目に飛び込んでくるのです。もちろん、急にその記事や特集が増えたのではありません。問題意識があると、そのキーワードが今までよりもパッと目に飛び込んでくるものなのです。そして、「ネパールの情報があれば友人に提供する」という意識を持っていると、その〝使命感〟によって、自然と読むスピードが上がっていくのです。

このように**問題意識をもつだけでも、あなたのリーディング力は、確実にトランスフォームしていきます。**細かなスキルは二の次、と言ってもいいくらいです。

ぜひ、この「ランニング」や「ネパール」を、あなたの使命を感じるテーマや好きな興味のある分野に置き替えて考えてみてください。

スピードリーディングというと、読み方のスキルにばかり目を向けがちです。

しかし根本は、あなたが問題意識をもち、興味のある分野やテーマを増やしていくことなのです。まず初めに、このことを覚えておいてください。

## 4つの訓練法で「集中力」をUPする

私は、これまでの経験から、**スピードリーディングの2大柱は、「集中力」「理解力」にある、**と確信しています。

そこでまず、スピードリーディングを実践する時に欠かせない「集中力」を高める方法からお教えしましょう。

私が一番いいと思っているのは、**〝呼吸法〟のトレーニング**をすることです。

というのは、呼吸は私たちの心の状態と密接に通じているからです。

落ち着かないで緊張している時には、吸う息に力が入り、せかせかとせわしない呼吸をしています。のんびりとしている時には、余分な力が抜けて、吐く息に力が入り、呼吸はごく自然に鼻から行われています。

**呼吸法を日常的に行っていると、いざという時、即座に集中することができます。**

ここでは二つの方法をお伝えします。

## 1 呼吸法① 数息観

**数息観**《すそくかん》は、禅の修行で行っているものですが、集中力をつけるためにもってこいですので、身につけてしまいましょう。

心の中で数を数え、それに合わせて呼吸をくり返します。

**「ひとおーー（吸）つーー（吐）」**
**「ふたあーー（吸）つーー（吐）」**
**「みっーー（吸）つーー（吐）」**
**「よっーー（吸）つーー（吐）」**
…
**「とおーー（吸）ーー（吐）」**

初めのうちは、とにかく心の中で10まで数えることを目標にします。慣れないうちは、自宅でソファーにでも座って、心をしずめて行うことです。

ところが、これがなかなか10まで行かないものです。四つ、五つまで行くと多くの人は、まったく他のことを考えてしまいます。

「アレ、今いくつまで数えたっけ?」

そんな時には、再度「ひとおーーつーー」と1からやり直します。

これをくり返していくうちに、10まで雑念に惑わされずにできるようになります。

その時点で、あなたは格段に集中力がついています。

このような〝集中力〟をつけることで、**今までの何倍ものスピードで読むことが可能**になるのです。

## 2 呼吸法② 腹式呼吸

**腹式呼吸**は、丹田(下腹部)に意識を集中して行う呼吸法です。あまり深く考えず、お腹に意識を集めると思えばいいでしょう。

まずは、自分があたかも風船になったつもりで息を吸い、お腹をふくらませます。

次に、風船から空気が抜けていくイメージで、ゆっくりと息を吐きながらお腹をへ

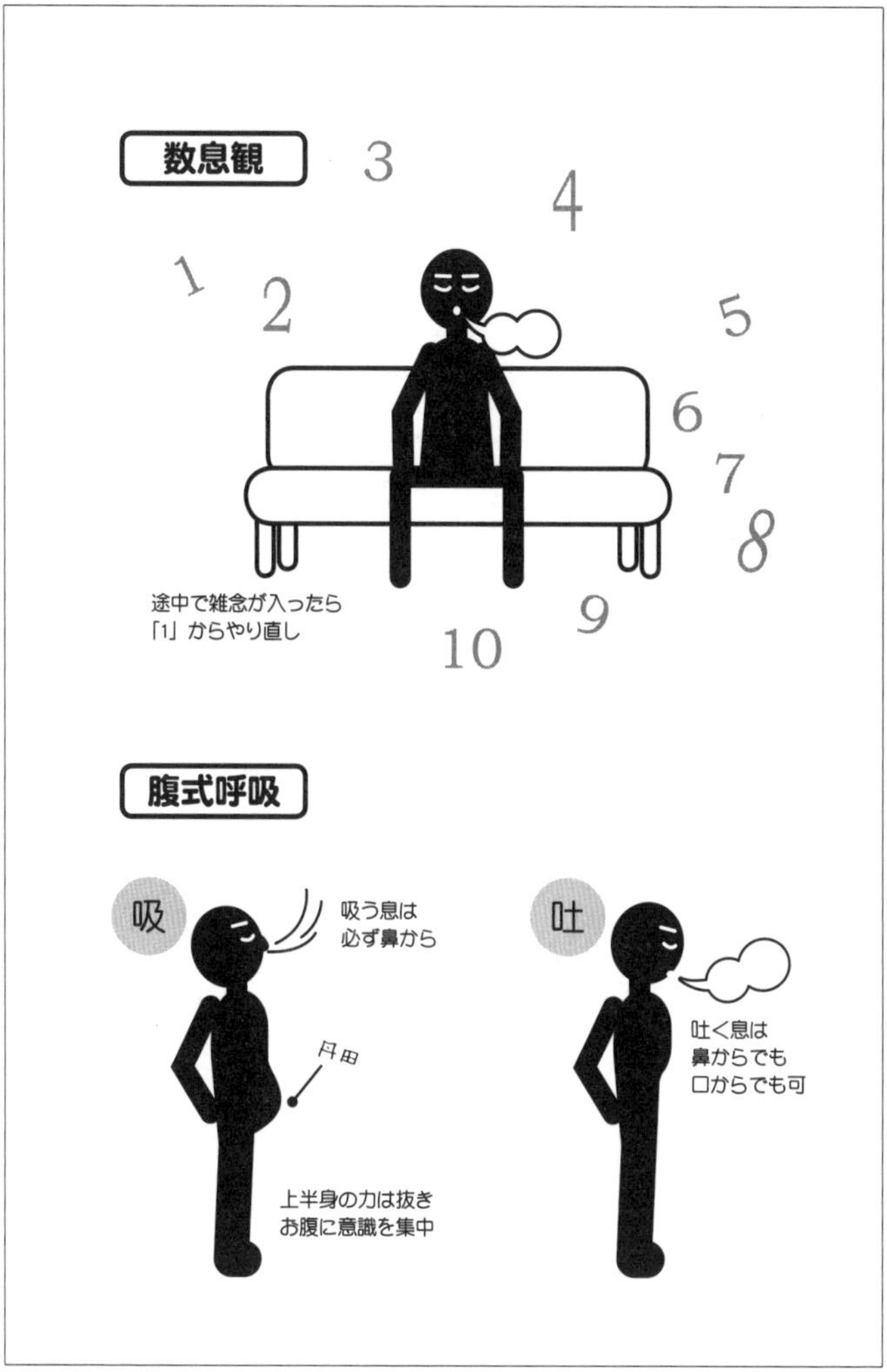
数息観
1
2
3
4
5
6
7
8
9
10
途中で雑念が入ったら
「1」からやり直し
腹式呼吸
吸
吸う息は
必ず鼻から
丹田
上半身の力は抜き
お腹に意識を集中
吐
吐く息は
鼻からでも
口からでも可

数息観と腹式呼吸

こませるのです。

これをゆっくりくり返しましょう。

吸う息は鼻から、吐く息は鼻もしくは口でも可です。首、肩、腕、上半身の余分な力を抜き、意識は上半身ではなく、お腹に集めるよう心がけます。

この応用編として、次のような腹式呼吸の方法もあります。

**○吸う息を短く、吐く息を長く**
**○呼吸の間で止息する**
**○6秒吸ったら、2秒止めて、12秒吐く**

もちろん、腹式呼吸にはさまざまなバリエーションがありますので、読者の皆さんがやりやすい方法で試してみてください。

このように、**呼吸に意識を集中することで、結果として集中力がグンと向上し、スピードリーディングの大きな力になってくれる**のです。

## 3 観察・記憶・再現法

呼吸法の他にも、集中力を高めていくスキルを、2つ紹介しておきます。

まずは、**「観察・記憶・再現法」**です。

たとえば、電車の中で、前の席に座っている人をよく観察します。観察時間は短いほど集中力が必要です。初めは20秒くらいから行ってみましょう。

もちろん、ジロジロ見るのではなく、あくまでもさりげなくやってみてください。どんな服装か、どんな顔か、特徴をしっかりと記憶します。

次に、目を閉じて心の中で「ネクタイの柄は？ 服の色は？ 髪型は？ 体型は？」というように再現してみましょう。そのあと目を開いて、本物と照合をします。

初めは、全部出てこなくてもいいのです。くり返し行うことで、集中力がついていきます。やがては、瞬間的に集中して、1、2秒で記憶することができるようになります。

なお、これは電車の中の人だけでなく、部屋のインテリアや、取引先の応接室にかかった絵など、対象物は何でもかまいません。

この集中力は、スピードリーディングにも大いに役立ってくれます。**文章を短文ごと記憶してしまうような力がつく**のです。

## 4 片足バランス法

次に、**「片足バランス法」**を紹介しましょう。

両手を胸の前で合掌して、片足立ちになってみましょう。グラグラして不安定ですが、安定するように集中します。

毎日くり返していくと、やがてピタッと安定して、30秒、1分と保てるようになります。集中力がついた証拠です。

そして慣れたなら、軽く目を閉じてバランスをとります。グラグラして危ないですから、場所をわきまえて、周囲に注意して行ってください。

片足立ちに限らず、バランスをとることは、集中力をつけるトレーニングになります。誰でもはできませんが、平均台や竹馬、一輪車などはトレーニングになりますよ。

**以上、「呼吸法①②」「観察・記憶・再現法」「片足バランス法」の実践によって、あなたの集中力が倍増して、スピードリーディングができるようになります。**

## 「理解力」を鍛える2つのポイント

次に、スピードリーディングの2大柱のもう一つ、「理解力」を高める方法をお教えしましょう。

実は、スピードよりも理解力・読解力の向上が先決です。

なぜなら、理解力・読解力が伴わなければ、いくら情報収集しても企画やアイデアに結びつかないからです。

理解力・読解力なくしてスピードリーディングに意味なし、と思ってください。

## 1 〝わかろう〟とする

まず、本を読む時には**「わかろうとすること」「理解しようとする努力」**を、いつも意識して欲しいのです。

「何の気なしに読んではいけない」ということです。

**理解する努力を習慣にして、身につけましょう。**

「Custom is second nature.（習慣は第二の天性）」と言いますね。習慣の力は大きいのです。

ここが本章で述べるスピードリーディングにとって肝心なところです。理解力を高める意識をもたないと、ただスピードをつけて読むだけになってしまい、精読が必要な文章もサラッと読み流してしまうことになります。

しかし、いつも「理解しよう」と思いながら読む習慣をつけていると、どんなにスピードリーディングをしていても、必要な時に「待てよ」とじっくり立ち止まって考えることができるようになるのです。

ぜひ理解力を磨くことを念頭に、スピードリーディングに励んでください。

## 2 「精読」と「流し読み」を切り替える

読むスピードを上げながら理解力をUPさせるには、**読むスピードに強弱をつけることが大切です。つまり、「流し読みでいいもの」「精読が必要なもの」**を判断して、状況に合わせてスピードリーディングしていくのです。

たとえば、契約書のように、重要な判断にかかわる内容のものなどは、スピードリーディング不可でしょう。そのような精読が必要な文書は、じっくりと、くり返して読みます。

ビジネス書籍などであれば、キーワード、キーフレーズのみをゆっくり読み、あとはサーッと、理解度は半分あればいいくらいの感覚で読み進めてしまいます。

車の運転で、高速道路に入ったらスピードを上げ、細い路地はゆっくりと進むように、自分で自由自在に、読むスピードをコントロールしましょう。これが**「理解力」と「スピード」を両立させるコツ**なのです。

## 絶大な効果をもたらす〝記録法〟

以上、スピードリーディングの2大柱、「集中力」と「理解力」をつける具体的な方法をお教えしました。

どんなことでもそうですが、毎日のくり返しで身についてしまうと強いものです。スピードリーディングの時間をあなたの日課として、スケジュールに落とし込んでおきましょう。

具体的なやり方は、**①何を読んだのか、②どのくらいのスピードだったのか、この二つを毎日記録しておくだけ**です。たとえば携帯電話でしたら、時計がデジタル表記なので、分単位でスピードを把握できます。

**〝毎日のスピードを記録にとっておく〟**だけで効果が出るというのは本当なのです。

昨年流行したダイエットに、〝食べた物を記録する〟という方法がありました。これと同じことです。

「速く読む」という意識をもって、読むスピードを計測します。何を読んだとしても、ただ何をどのくらいの時間で読んだかを、毎日記録していくのです。

**○A新聞の社説、社会面で合わせて5分。**
**○N新聞の投資、健康の記事8分。**

というように、ただメモしておくだけです。

さあ、ものの1カ月もしますと、読む分数が短くなっていることがわかりますよ。3カ月も読み続けると、「読むのが速くなったなあ」と実感としてハッキリわかるはずです。やり方は簡単ですが、効果は絶大です。

実践するとしたら、**出社前の朝**がお勧めです。短時間でいいので、たとえ5分、10分であっても、「基本的には毎日」と思ってください。

もちろん、日によっては「どうしても朝は無理」ということもあるでしょう。日課というものは、あまり無理をしては長続きしません。また、出社前に疲れてしまって仕事ができない、というのでも困ります。というのは、スピードリーディングのような「脳（能）力」をつけるトレーニングは、けっこう疲れてしまうものだからです。

ですから、疲れがたまっていて朝起きられなかった時などは、思い切って休みにしてしまうとか、翌日の別の時間に振り替えるとか、1週間で帳尻を合わせるというように、やや流動的にしておいた方が、結果としては続くものです。

もちろん朝に限りません。休日にまとめても、夜でもいいのです。しかし、あらかじめスケジュール化して、極力守ってトレーニングをすることを心がけましょう。

**実践する場所は、自宅が基本**になります。リラックスして心を安定させ、場合によっては「ヨシ、集中するぞ！」などと声を出して行います。仕事中にも文章を読む機会は何度もあるでしょうが、「職場は本番、自宅でリハーサル」と思いましょう。

それでは、何を教材にすればいいでしょうか。

一番手っ取り早いのは**新聞**です。初めのうちは、社説などの短文でもいいのです。生きた教材ですし、営業の方なら話題としても使えます。また、いつも新聞を読む人は、情報収集＋スピードリーディングのトレーニングになるので一石二鳥です。

理想は、同程度の文字数の文を読んで計測して、読了までの時間が短縮されればスピードが上がったことになります。もちろん、読むものは新聞に限っているわけではありません。また、必ずしも同じものを読み続ける必要はありません。同一の文を毎日読むなんて面倒だし、面白くないでしょう。

健康、マネー、娯楽、暮らしなど、あなたの興味のある分野の本や雑誌でもいいのです。これはスピードアップが見込まれます。

## この実践で読書量が20倍になる！

それでは最後に、スピードリーディングの実践ポイントとそのコツを、以下にまとめてみましょう。

## 1 速く読むコツ――「速く読むぞ！」と強く決意して読む

とにかく**「集中するぞ！」「速く読むぞ！」と〝決意〟することが重要**です。

一般の速読法でよくある「視野を広げるトレーニング」より、むしろ「どうしてもスピードを上げて読むんだ」と決意してくり返し実践した方が、効果が出ます。

速く読むことを意識することで、結果的に1回にパッと見た時の文字数も増え、視野が広くなっていくのです。目がスピードアップするのではなく、あくまでも意識がコントロールしているのです。

私は現在ランニングを日課にしていますが、スピードを上げるためには、まずは「スピードを上げるぞ！」と強く決意することが大切です。その上で走法のコツをマスターするのです。

## 2 理解力を伴わせるコツ――速度に強弱をつけ、重要ポイントを押さえる

理解力を伴わせるためには、先に述べたように、**スピードに強弱をつけ、重要なと**

**ころをピンポイントで押さえていくこと**が大切です。

私の言っているスピードリーディングは、「理解をしながら」なおかつ「速く」読んでいくことです。つまり、じっくり考えなくてはならないものについては精読しなくてはならないと思ってください。

「何でもかんでも速く」というのが間違いだと知り、対象によって読み分けをすることを忘れないようにしましょう。

## 3 量をこなすコツ――2倍→5倍→20倍のステップアップ法

私自身は、20代の頃、ノルマとしての多読を自分に課していました。これは、スピードリーディングのために行ったのではありません。しかし結果として、これがスピードにつながったのです。

第1ステップとして、**今読んでいるスピードの2倍**を目安にしてみましょう。現在月5冊ペースで読んでいる人であれば、月10冊です。

私は二日に1冊のペースでしたので、スタート時は、1日1冊、月30冊をノルマとしました。スキルではなくて、「とにかく何が何でも1日1冊の本を読む」のがノルマでした。お金もあまりある学生ではなかったので、古本屋と文庫本のお世話になりました。副次的な効果として、この頃に多読したビジネス書の知識は、現在、ビジネス書作家として活躍するための力になっています。

第2ステップとして、**今読んでいるスピードの5倍**を、目安にしましょう。月5冊読んでいる人なら、月25冊にします。

私自身、これを続けることで月75冊〜100冊くらいまでは何とかやれました。これは、かなり負荷がかかりますので、おそらく「もう限界だ！」となります。しかし、そのスピードで慣らしていってください。この二つのステップを実践していくと、スピードがグッと上がります。

そして最終ステップに入ります。**今読んでいるスピードの20倍**を目指しましょう。月5冊読んでいる人なら、月100冊になるでしょう。

ここまで来ると、〝トランスフォーム〟を体験できます。あなたの読書は飛躍的にスピードアップし、仕事の効率化が進みます。

この時には、「読む本は問わず」で、とにかく量、数の帳尻合わせでかまいません。

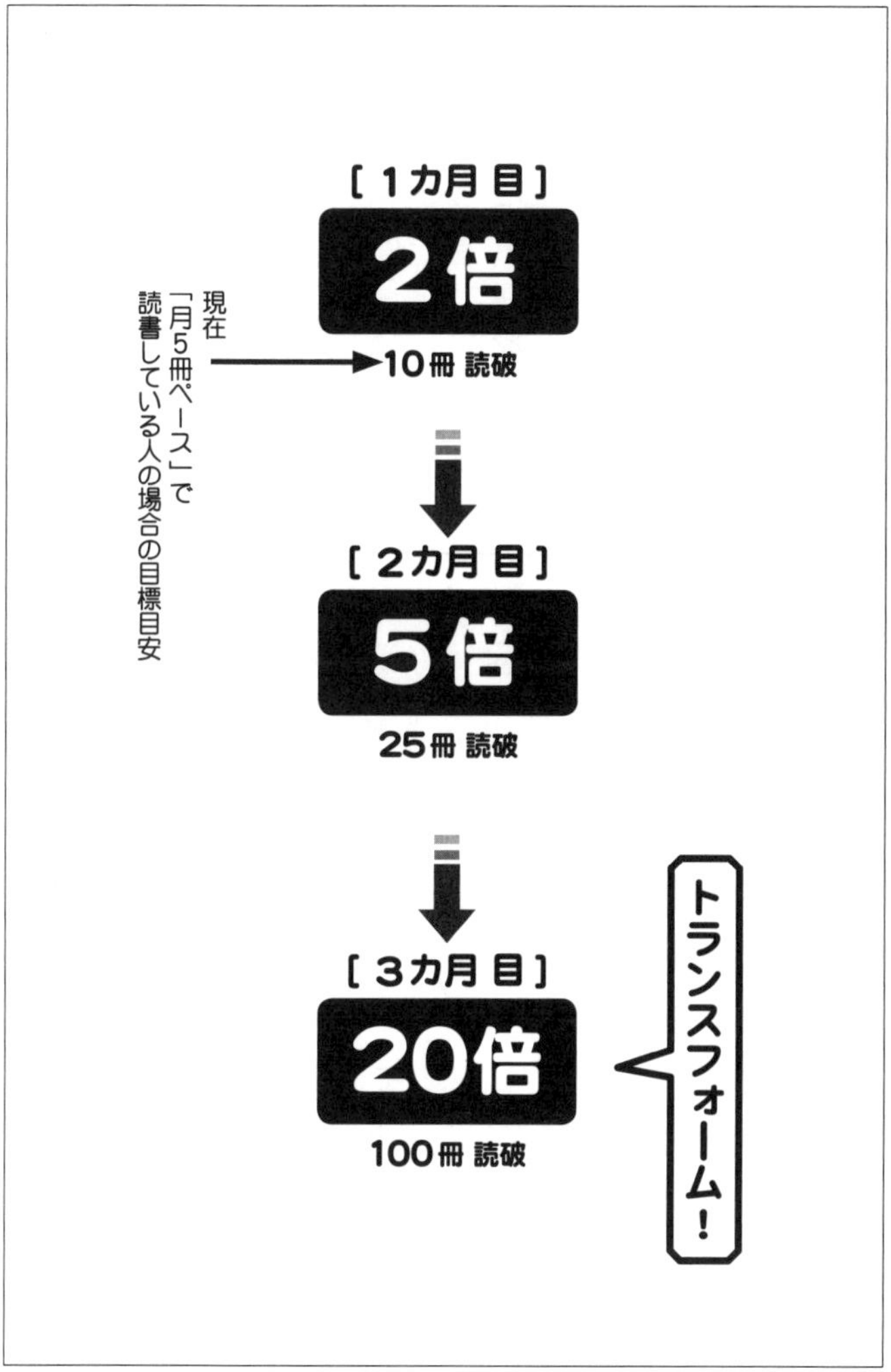


スピードリーディングの目標設定目安

私がやったのは、**月３００冊の読書**でした。つまり、一日に1冊から、一日に20冊にしたのです。

このように、現在の「2倍」↓「5倍」↓「20倍」と、1カ月ごとにステップアップし、習慣化してしまうことを一つの目安として、まず3カ月やってみてください。

はじめの月は2倍に、翌月は5倍に。そして3カ月目が〝トランスフォーム〟です。読めるかどうかとか読めそうにないとかいうのは、この際関係ありません。とにかく〝読む〟と決めて読んでいくのです。やがてあなたは、コツをつかめますよ。

とはいっても、普段あまり読書の習慣のない人には、ややハードルが高いかもしれません。そこで、〝量〟に圧倒されがちの方には、**「時間を決めて読書する」**ことを始めて欲しいのです。

いきなり高いハードルにして失敗すると、ヤル気がなくなりますから、まず手始めにやろうかな、という軽い気持ちで始めてください。

やり方は簡単です。1日のうち5分でも10分でも、決してムリにならない範囲で、読書を習慣にしてしまうのです。5分から10分、15分と1日の読書時間が増えてから、次は量にチャレンジしてみましょう。

まずはハードルを低めに設定して、着実に進めてみましょう。

私は、自らの体験も含めて、「結果としてスピードリーディングが身につく」というやり方をそのままお伝えしています。

ですから、他の方々のやり方を否定するつもりはまったくありません。

結果として、あなたにスピードリーディングの力がついたら、それでいいのです。

余談ですが、私の密かな楽しみとして、「わざと先を読まない」で、他の仕事をすることがあります。そして、その楽しさへの期待で仕事がはかどることも多いのです。

私はこれを〝ニンジン法〟と名づけています。楽しいことを「ごほうび」にして仕事を加速させる、いいやり方なのです。ぜひ試してみてください。

トランスフォームポイント

## 4速スキル①
# スピードリーディング「速読」

- □問題意識や関心あるテーマ、分野をもつ
- □「集中力」を高める
- □「理解力」を伴わせる
- □毎日一定時間、スピードリーディングを実践する
- □新聞や興味のあるテーマの本、雑誌などを教材にする
- □1カ月目は2倍、2カ月目は5倍、3カ月目は20倍の読書量を目安に目標設定する
- □初心者は、毎日一定の読書時間をとることを目標とする
- □何をどのくらいのスピードで読んだのか、毎日記録をとる

# 4章

4速スキル②

スピードシンキング「速考」

# 新しい価値を創造する発想術

今までのやり方から
抜け出せない。
アイデアが出ない。
（30代・営業）

自信がないので、
ひらめいてもそれが
よいアイデアなのか
判断できない。
（20代・企画）

売上げを伸ばすためには、
どのように付加価値
を高めればよいのか、
日々悩んでいる。
（30代・営業）

どのようにしたら
新しい商品が
つくれるのか……。
（30代・製造）

## 発想のカギは「直感力」

4速スキルの2番目は、スピードシンキング（速考）です。

スピードシンキングとは、**「ロジカルに考える」→「直感がヒラメク」、この間を劇的にスピードアップするスキル**です。

トランスフォームの鍵は、ロジカルに考えることではありません。

もちろん、ロジカルが不要ということではありませんが、理屈を超えたところ、論理で説明し切れないところにトランスフォームの鍵があると思ってください。

私たちビジネスパーソンには、無限の時間が与えられているわけではありません。むしろ、かなり切羽詰まった、足りない時間の中で成果を出していく必要があります。

パッとアイデアを出し、すぐに結論を導き出さなくてはいけないわけです。

実際に、アイデアが出るのはほとんど一瞬です。

たとえば、化学者のアウグスト・ケクレがベンゼン（芳香族炭化水素）の環状構造を思いついたのは、ヘビが自分の尻尾をくわえている夢を見たことがヒントとなったと言います。ロジカルに考えているどころか、〝寝ている時〟にアイデアが出ています。直感なのです。

つまり、**考えるというのはきわめてロジカルな世界なのでしょうが、トランスフォームされると、直感という形で出てくる**のです。

具体的には、**①毎日一定の時間をとり、②テーマを決めて、③スピーディーに**考えていきます。

とにかく徹底して考え抜きましょう。

そして、可能ならば、あなたのプライムタイム、つまり**〝集中力の一番高い時間〟に一定時間をとる**のです。

その時にぜひ行うべきことは、考えたアイデアをメモすることです。あるテーマについて考えた時に、まったく別のことがヒラメいたり、思いつくことがありますので、そのヒラメキ、**思いつきをすべて〝メモしておく〟**ことです。

簡単なことですが、効果絶大です。

目安としては、1日のうちに最低30分。まとめてとれなければ10分×3回でも、15分×2回という形でもかまいません。いずれにしても、考える習慣をつけるのです。トランスフォームのポイントは質より量。たくさん考えると、その知識、考えがトランスフォームされて、直感として表れるのです。また、この習慣を続けていくことで、直感、ヒラメキが出てくるまでがスピーディーになります。

このように、考える時間を毎日少しとるだけで、優秀なアイデアマンになれるのです。まずは、考える時間をスケジュールに落とし込んでしまいましょう。

## 〝直感脳〟をつくる3秒決断法

以上の〝考える習慣〟とあわせて以下の2つを実践すれば、さらに直感が磨かれます。

一つ目の方法は、**「3秒決断法」**です。

たとえばAとB、どちらを取るか迷っていたとしましょう。

多くの場合は、〝ロジカル〟に、メリット、デメリットを分析してから、メリットの多い方を取るでしょう。

しかし、このような時に**「3秒以内に決める」ことを習慣**にします。このくり返しによって、考える↓直感とは別の、**「いきなり直感」という脳の使い方**が鍛えられます。

仕事で実践するのが理想ですが、プライベートでもウォームアップをしておくとよいでしょう。いくつか具体例をあげておきますので、あなた流に改良工夫して、日々行ってみましょう。いざという時に、直感で決断できるようになります。

**○仕事**

**▽プレゼン資料を作成していて、どちらのグラフを使おうか迷った時**

**▽複数の訪問営業をしていて、どちらから先に訪問するか迷った時**

**▽会議の席で、発表しようかどうか迷った時**

**○プライベート**

**▽外食して、メニューを決める時（「いつもの」はＮＧ）**

**▽買い物に行って、洋服を選ぶ時（周囲に意見を求めるのはＮＧ）**

3秒考える↓決断、という流れです。今までは、ズルズルと迷い、考え続けてから決めていたかもしれません。しかし、これからは3秒以内に決断をくだします。

これをくり返すことで、〝直感脳〟がつくられるのです。

## 〝商売感性〟を磨くコツ

二つ目の方法は、**好き嫌いをハッキリさせ、感性を磨くこと**です。

通常私たちが物を購入する時は、次のような流れになることが多いと思います。

## 感性・感情↓ 理性・論理↓ 感性・感情

たとえば、人でも物でも、「この人、感じがいい」「この商品、好き。気に入った」というような、第一印象があります。これは理屈ではありませんね。この感性を磨くことが大切です。

私は仕事をする時、数字やデータのような「論理」だけで決断をくだしません。とても乱暴に言うと、気に入った仕事をする、気に入った担当者と仕事をするのです。本書も同じです。担当の方をとても気に入り、「気が合うな」「いい人だな」と思ったから仕事をしています。

ビジネスでは、理性を働かせて条件などもチェックはしますが、やはり**最終的に引き受けるのは、自分の感性、フィーリング**なのです。

ビジネスパーソンにとって、ロジカルに考えたり、数字を用いたりすることは不可欠でしょう。ですから、あえてここで「もっとロジカルに」とか「もっと理性を磨け」とは言いません。ある程度用いていくことは大前提です。

以前の私はとても「理屈っぽい」人間で、納得しないと動かないタイプでした。たまたま、ベンジャミン・フランクリンの自伝を読んでいたら、とても当時の自分に似ていることに気づきました。しかしフランクリンは、これではダメだと思い、相手を認めたり、話をよく聴くコミュニケーション能力を磨いた結果、人生の成功を手にしたのです。

**「なるほど、人は理屈だけでは動かないな」**と思い、私は、感性やフィーリングを大切にし始めたのです。

具体的には、**「人を好きになること」「自分を好きになってもらうこと」**などに気をつかい始めました。相手の話をよく聴くとか、尊重するとか、挨拶、身だしなみに至るまで気を配るわけです。「あの人、好き」というのは、理屈の世界ではありません。理由はあとからつきますが、**要するに「好きだから好き」**ということなのです。

〝感性を磨け〟といっても、とりたてて大げさなことではありません。

まずは「好きなのか嫌いなのか」「感じがいいのか悪いのか」を常にハッキリさせ

ること、白黒をつけていくことからスタートしましょう。

「何も感じない」「別に……」というのが一番いけません。そういうとらえ方では、感性が磨かれないのです。直感力がつきません。

たとえば私は、ビジネス上ではプロ意識のない人、一生懸命やらない人は嫌いです。幸いなことに、私と仕事をしている人は99％いい人、すなわちプロ意識のある人ですので、いつもいい人、好きな人とばかり仕事ができています。

何年かに1回、「どうしても」ということで他人から紹介された仕事をした時などに、イヤな人と仕事をせざるを得ない場合もあります。その時には、当然、成果は出にくいので、その人とは二度と仕事をしないようにしています。

これは日常でも同じで、

「このドラマが好き」

「この食べ物は嫌い」

「この服は気に入らない」

「この店員さんは好感がもてる」

「この観光地はイヤ」

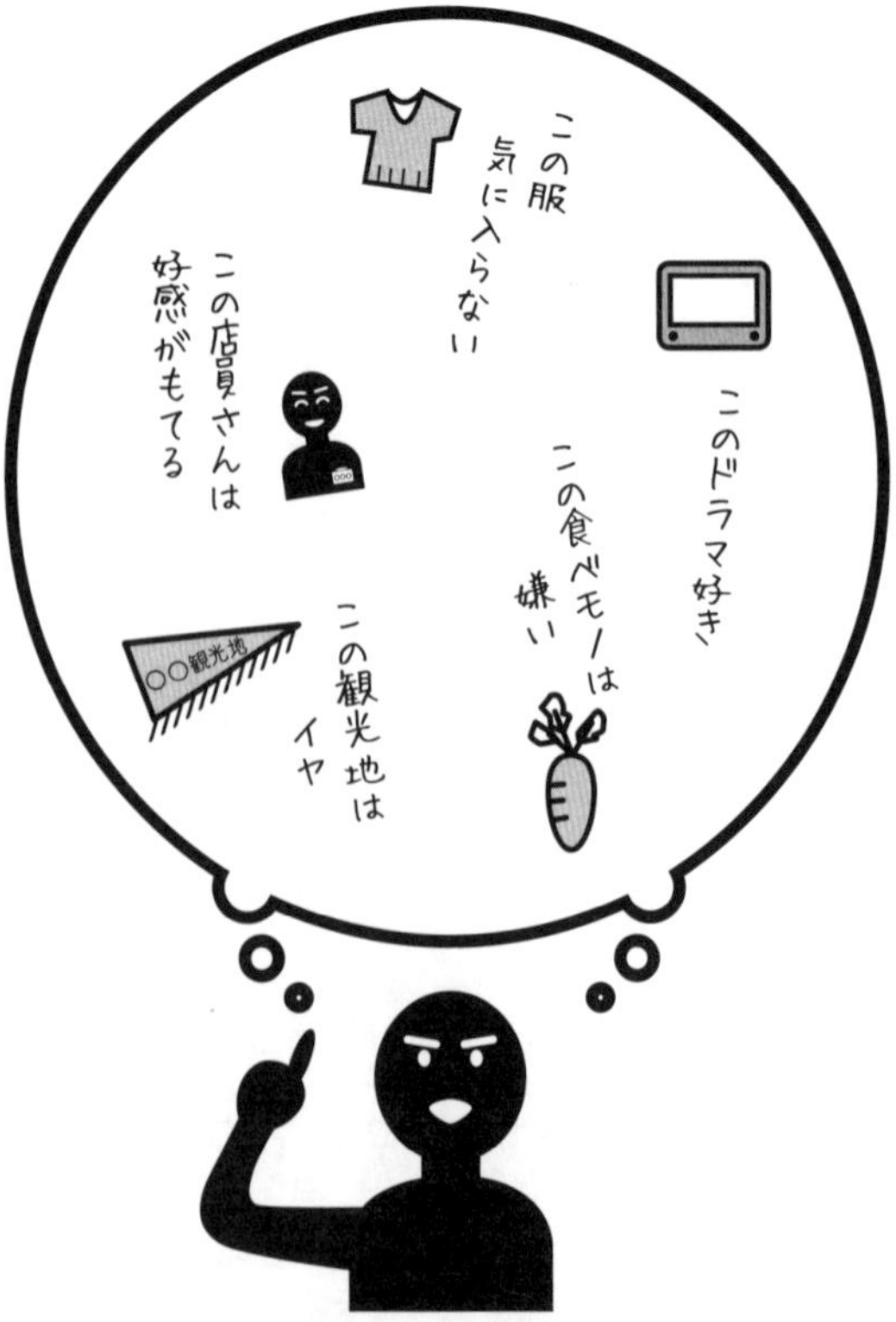


**好き嫌いを「直感」で決めていく**

商売感性の磨き方

というように、**何にでも好き嫌いを「直感」で決めていくこと**です。

あいまいなことは排除して、あなたの感性を磨くのです。

## とにかく多量のアイデアを出す

以上が基本的なスピードシンキングの訓練方法です。

次に、実際のビジネスの現場で使える、より実践的なスキルを伝授しましょう。

アイデアを出すのに、ブレインストーミングは有効です。

しかし、中には、「アイデアをただ出すのは時間のムダ」と言う人もいますし、「白紙の状態からいきなり出すな」と言う人もいます。

私は、トランスフォームという立場から考えていますので、**「アイデアをただ出す」**

**「白紙の状態からいきなり出す」**のには、大賛成です。

なぜなら、〝質〟は〝量を出す〟ことによって可能となるからです。

私のアイデアの原点はヨガのポーズです。

20代の頃、ヨガのインストラクターをしていて、人間の体の動きを研究しました。

すると、前に倒す、後ろに反らす、右に倒す、左に倒す、右にねじる、左にねじる、うつぶせ、あおむけ、立ち姿勢、というように、大きな動きはそう多くありません。

しかし、これを組み合わせると、無数のポーズを〝創り出せる〟のです。

たとえば、うつぶせから上半身をコブラのように持ち上げていく〝コブラのポーズ〟があります。これに併せて、右足を上げるとか、左足を上げるとか、左手を伸ばすとか、右手を伸ばすというような組み合わせを考えていくと、いくつもの新しい創作ができます。

「押してもダメなら引いてみな」と言いますが、引っくり返したり、付けたり、伸ばしたり、取り換えたり、いくらでも変化させられます。ですから、ブレインストーミングで、多量のアイデアを出しましょう。

そして、**数を出す→行動・実践→修正**という形で、使えるものを残していくのです。

**「知識は行動した時に初めて力となる**（Knowledge on action is power.）」

先述したベンジャミン・フランクリンの言葉で、私の座右の銘の一つです。

そう、ただの知識は力ではないのです。行動がものを言うのです。

ブレインストーミングで、多くのアイデアを出して、実践していきましょう。

## 「守・破・離」3段階で〝創造のプロ〟になる

「アイデアを出せ」と言われても、初めは出しにくいものです。

物事をマスターするのには、大きなステップがあり、それを**「守（修）・破・離」**といいます。

**「守（修）」は基本の段階**です。武道や習い事なら「型」を身につけていく段階です。ここでは、「自分でどう考えるのか」「なぜなのかを考える」ということよりも、反復練習でしっかりと〝体で覚える〟ということがポイントになります。考えるとしても、「なぜやるのか？」ではなくて、「どうやったら早く身につくのか」というように、あくまでもその基本の型を覚えるのが前提です。

**「破」は基本に自分流を加えていく応用の段階**です。これは、基本の「守」の段階を無意識のレベルで身につけていること、体に覚え込ませていることが前提で成り立ちます。基本ができていないと応用がききません。

**「離」は一流一派を成していくような創造の段階**です。つまり、〝あなた流〟のビジネスなり、ルールを持つということです。そしてこれは、「守→破」（基本と応用）をくり返していく中で最終型に至るのです。

私の敬愛している人物の一人である白洲次郎氏は、プリンシプル（生きる上での原則）を大切にした人でした。そして、プリンシプルに外れたことを嫌いました。

どんな分野でも基本に戻るということは大切です。自分なりの生き方のルールは、守↓破↓離と生き抜いていって、初めて発見・創造されるものでしょう。

さて、スピードシンキングに戻ります。

いきなりアイデアを出しにくいのは、実はアイデアを「出す」というのが、応用や創造の「破・離」に当たっているからです。

まずは、**「守」の段階で基本を身につけることが、結果としてはスピードのある創造につながっていく**のです。

では、創造の基本とは何でしょうか？

それは有無を言わずに、とにかく**型の通りに当てはめてアイデアを出していくとい**うやり方です。

私はその型のことを、**「拡縮替省転《かくしゅくたいしょうてん》の法則」**と名づけています。

## すぐに使えるアイデア発想法

では、「拡縮替省転の法則」とはどういうものでしょうか？

これは、アイデアを出す際に、まずはこの**五つの型に当てはめて考えてみる**ということです。

### 1 拡

形そのものを大きくしてみるとか、支店・支部を大きくしてみるというように、**拡大路線で考えてみること**をいいます。

「大きくしてみたらどうなるか」

「人員を増やしたらどうなるか」

「予算がもしも2倍ならどうなるか」

というように、まずは考えてみます。

この場合の思考法は、このあとの項目についても同じですが「What・if」つまり、「もしも、こうだったら、どうなっていくのか?」というように考えていくのです。

## ② 縮

**縮小してみること**、ダウンサイジングの観点で「もしも……」と思考していくことです。

「小さくしてみたらどうなるか」

「減らしてみたらどうなるか」

そして、縮小するに際しては、思い切って何十分の一にする場合もあれば、75%にしてみる場合もあります。縮小の中で複数案を出していくことです。

## 3 替

**他の分野、物に置き替えてみたらどうか、という思考**です。

物でしたら、「金属をセラミックに替えてみてはどうか」という思考法はそれに当たります。また、私の場合はよく、ヨガや武道をビジネスや発想法などに「替」します。

一つだけ例を出してみます。

私は、自分の研修では常に「進化向上」を心がけています。この時の発想法として、フルコンタクト空手の技「ローキックの進化」を参考にしています。フルコンタクトとは、素手で直接打撃を与え合う空手の流派のことです。

私が現役だった30年近く前に、相手の下段を蹴る「下段蹴り」と呼ばれていた技がありますす。途中から、キックボクシングでの呼び方と同じく「ローキック」と呼ばれるようになりました。

相手がオーソドックスに構えると、相手の左足が前に出ています。初期の頃は、これを「外側から攻める」つまり、自分の構えも左足が前に出ていますから、奥足の右足で相手の左足を蹴るのが「オーソドックス」なローキックでした。

細かなところを省きますが、変化していって、

**○自分の左足で、相手の左足を〝内側〟から**
**○自分の左足で、相手の右足を〝外側〟から**
**○自分の右足で、相手の右足を〝内側〟から**

というように、だんだんと難易度の高い技が開発されていきました。やってみるとわかりますが、自分の前足でなくて、構えている奥の軸足を攻められると、かなり防ぐのも大変になっていきます。

このように、研修でも一つの形をもとに、外側からアプローチするとどうか、内側から攻めるとどう考えられるか、などと「替」してみるとイメージしやすくなり、工夫改良のアイデアが出てくるのです。

あなたがもし、プロ、少なくともセミプロクラスの実力のある分野をおもちなら、そのジャンルに置き替えて考えてみるとやりやすいと思います。

## 4 省

これは、**今ある用途の一つ、あるいはいくつかを省いてみてはどうか、と考えてみることです。**

商品名がそのまま知られるようになった〝ウォークマン〟などがその例でしょう。付加していくのが主流の時代に、録音機能も省く、ラジオ機能も省く……省いていって、聴くのみに限定してしまったら、結果は大ヒット商品となりました。

また、「省」は、タイムベースマネジメントの基本でもあり、ただの習慣・惰性で行っていたことで「省く」「やめる」ものを考えることは、時間を生む思考です。

## 5 転

**他分野に転用できないか、というのも思考**のベースとして忘れてはならないものです。

先の〝替〟では、他分野への置き替えで考えてみることを例にあげました。

| 守 | 破 | 離 |
|---|---|---|
| **基本**の段階 | **応用**の段階 | **創造**の段階 |
| **「拡縮替省転の法則」**で、型に当てはめて強制的にアイデアを出す。 | 「守」の型をもとに、自分なりの創意工夫を加える。 | 「守・破」をくり返す中で、今までの既成概念をガラッと変えるような新しい創造が生まれる。 |

「守・破・離」の3段階

次は〝転〟の例をあげてみましょう。

今、格闘技ではK-1がブームです。

私のやっていたフルコンタクトの流派からも、多くの選手がK-1にチャレンジしています。というのは、フルコンタクトの蹴り技はそのままこのK-1に応用できるからです。そのままでいいのですから、これは「転」、つまり転用することに当たります。

手技、つまり顔面への攻めはルール上なしの流派ですから、これは転用できません。顔面への攻めは、ボクシングの技をK-1に転用できます。

このように「そのまま使える」というものが他分野にはないか、他商品、サービスにはないかという思考もしてみましょう。

以上の**「拡縮替省転の法則」が、あなたのアイデアの守、基本の型**に当たります。

まずは、強制的にここに当てはめて、アイデアをガンガン出してみてください。

## これで提案が〝ボツ〟らない！

さて、アイデアは実践していかないと、トランスフォームされません。

つまり、常に〝実践〟を想定してアイデアを考えてみることです。

この際に、注意点があります。それは、必ず代案を出しておくことです。**代案がないと、アイデアは使えるものになりにくい**のです。

常に**「代案を二つ」**が私のお勧めしていることです。

仮に取引先から、「そのアイデアでは、ちょっと予算オーバーで難しいな……」と言われたとしましょう。もしもアイデア一つですと、そこでジ・エンドとなりかねません。あるいは、心にもない値下げで、あなたの側に不満が残りかねません。つまりは、いい関係で仕事ができないわけです。

必ず代案は二つ準備しておきます。これは〝少なくとも〟ということです。今の例だと次のような感じでしょうか。

「わかりました。価格でもう少しということでしたら、納期が10日ほど遅くてもよろしければ、考えられます」（代案①）

「あるいはどうでしょうか、もしも3台まとめて購入いただけますと、価格は下げられますが……」（代案②）

他にも、「他部門の方を紹介してもらう」とか、「今回はこの価格で何とかお願いします。次回には条件を変えます」など、アイデアの代案は多いほどいいのです。

あるいは、**代案を一つの流れで考えていくことも〝実践的アイデア〟**と言えましょう。

先の価格の例で言うと以下のような感じです。

「価値をどうしてもというなら、下げることは可能です。ただしそうなりますと、品質はワンランク下がりますがよろしいでしょうか？」

あらかじめ先方が品質を下げたくないということを想定しておくのです。そして、続けて次のように提案します。

「品質をそのままということですと、サービス面での見直しが必要かと思います。

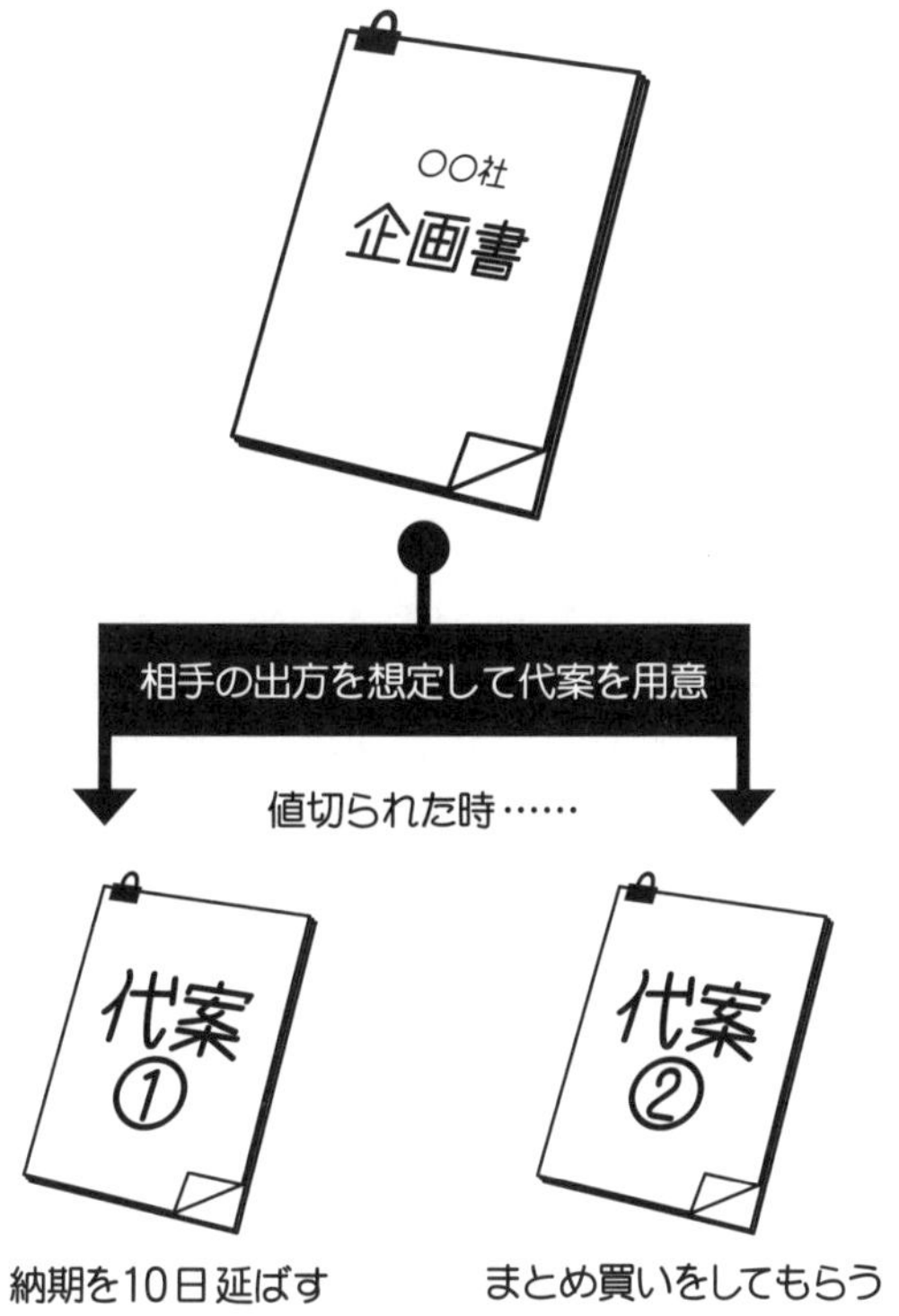
○○社
企画書
相手の出方を想定して代案を用意
値切られた時……
代案①
代案②
納期を10日延ばす
まとめ買いをしてもらう

代案作成方法

一つ二つ、サービスを省いてよいのでしたら、考えられますが」

ここでもあらかじめ、「サービスの省略はノー」と言われることを想定しておくわけです。

「では、サービスも現状維持ということでしたら、初めの条件を見直しますか？」

さらに「今回は何とかお願いします」と頭を下げることも考えます。

これは、昔からあるQSCSという流れでアイデアをあらかじめ考えた例です。

**Q（Quality）は品質訴求、S（Service）はサービス訴求、C（Conditions）は諸条件訴求、S（Salesperson）はセールスパーソン訴求**というわけです。

つまり、あらかじめ、型、ルールに則って〝流れで〟代案を考えておくわけです。


先述しましたように、私は研修でも本でも「現場で実際に使うとしたらどうなるのか」まで橋渡しをしないものは、使えないアイデアだと考えています。

ですから、代案を出しておくことは、知識を実践にトランスフォームしていく上では欠かせないことになります。

## 付加価値から〝新しい価値創造〟の世界へ

さて、アイデアを出すことについて述べてきましたが、〝目的〟は何だと思われるでしょうか?

アイデアを出すこと、それ自体が目的ではありません。段取りやタイムベースマネジメントそのものが目的ではないのと同じ意味です。

もともとアイデアを実践する基本は**〝付加価値を加える〟こと**です。この付加価値によって、アイデアはビジネスパーソンに役立つものとなってくれるわけです。

先述したように、私は研修や本の執筆でも常に進歩向上、マイナーチェンジを心がけています。今までよりも少しでも工夫しよう、創意を加えていこうというのは、言い方を換えたなら付加価値ということになるでしょう。

では、アイデアをスピードシンキングで次々に出していくのは、付加価値を大きくしていくことが目的なのでしょうか? もちろん付加価値を大きくするということも目的の一部です。しかし、それではまだ十分とは言えません。

大きな目的は、〝価値の創造〟です。付加や変化ではなくて、**〝新しく価値を創り出す〟ことこそ、スピードシンキングの大目的**と言えるのです。

アイデアから行動へ、量から質への転換を続けていくことで、従来の価値観がガラリと変わってしまうようなことがあり得ます。


私の場合、昔は「修行」や「向上」などが能力開発における価値でした。

しかし、自分のためだけの努力が、虚しく小さなものに見えた瞬間があったのです。その時を境に、私の価値は「貢献」や「出会い」へと変わりました。

価値観が修行から貢献に移行したことは、これこそ付加ではなく、トランスフォームと言っていいでしょう。

ただ私は、自己流でやみくもに進んできたので、価値観をガラリと変えるとか、新しく価値を創造していくのに少々時間がかかりました。

本書では、できるだけすべてにおいて、スピーディーに成し遂げていくスキル・考え方をご紹介しています。

「ただアイデアを出す」という次元で終わらないで欲しいのです。
付加価値のみならず、価値の創造という世界にまで突き進んでください。

トランスフォームポイント

# 4速スキル②
# スピードシンキング「速考」

□テーマを決めて徹底的に考える時間をもつ（1日30分以上）
□何事も3秒以内に決断をくだし、〝直感脳〟をつくる
□感性を磨くために好き嫌いをハッキリさせる
□ブレインストーミングで多量のアイデアを出し、それを実践する
□「守（修）・破・離」のステップで〝創造のプロ〟になる
□「守（修）」の段階では、「拡《かく》縮《しゅく》替《たい》省《しょう》転《てん》の法則」の型に当てはめて強制的にアイデアを出す
□QSCSなどを使って代案は二つ以上用意する
□付加価値にとどまらず、新しい価値を創り出すことを目指す

5章

4速スキル③

# スピードライティング「速書」脳トレ&思考整理術

「ここを押さえれば大丈夫」という、報告書や企画書作成のポイントを知りたい。（30代・企画）
そもそも文章がうまく書けない。熟語や慣用句の使い方に自信がない……。（20代・総務）
報告書などを端的にまとめられない。経緯説明をダラダラとしてしまう。（30代・営業）
漢字が書けない……。（30代・事務）

## 頭がフル回転しだす脳トレ術

4速スキルの3番目は、スピードライティング（速書）です。

私は、〝**手書き**〟によるスピードライティングを**脳トレや思考整理の手段**として、ご紹介しています。手を使うことで、脳によい刺激が与えられます。また、書くことで思考が整理されるのです。

きっかけは、研修中に受講者に板書してもらった時に、「漢字が出てこない」「思い出せない」という例が圧倒的に多くなってきたことでした。

つまり、筋肉が使わないと衰えてしまうのと同じで、〝脳〟も使っていないと退化してしまうわけです。

しかも、以前は書けていた漢字が、いつの間にかデジタルツールの発達によって、使わないがために退化して、書けなくなってしまう……。恐ろしいことです。

エレベーターやエスカレーターの発達で、足腰が弱くなるのにも似ていて、むしろアナログの見直しが欠かせないと私は考えました。

これは次の章で述べるスピードプレゼンテーションについても同じですが、デジタルの発達によって、昔のように話力、話術そのものに磨きをかけるのがおろそかになっています。

ライティングは手書き、プレゼンは話術を磨くこと。私は今後何年か、こうした**アナログの復権**を強調していこうと考えています。

また、この章ではニーズの高い報告書・企画書の書き方などにも触れてみたいと思います。

手書きでスピードライティングしていくことで、文章への苦手意識が克服できるだけでなく、今まで述べてきた「タイムベースマネジメント」「スピードリーディング」「スピードシンキング」にも磨きがかかり、ますます頭がシャープになっていく感覚、ポジティブな思考やヤル気がわいてくる、というトランスフォームの時がやってきます。

そこで、スピードライティングにおけるトランスフォームまでの流れを3段階でご紹介しておきます。

## 第1段階 考えてから書く

初めは、この「考えてから書く」までの間が長いのです。

たとえば、原稿用紙を前に、ウーンとうなりながら、マス目を埋めていくのがやっと、という経験はありませんでしたか?

学生時代の宿題の作文のようなもので、なかなか考えがまとまらず、書いては休み、また書いては休むという四苦八苦状態です。

## 第2段階 考えるのと書くのが同時

書くことに慣れてくると、考える↓書くの間が詰まってきて、さらには〝ほとんど同時〟に近づいていきます。

キーボードのブラインドタッチだと、考えからキーの操作までがほぼ同時になる段階です。

## 第3段階　考えるより先に手が動く（自動書記）

ここがトランスフォームになります。

考えてから書くのではありません。また、考えるのと同時に書くのでもありません。

さあ、どうなると思いますか？

**書くのが先で、あとから考えがついていく**という、まさにトランスフォーム状態になります。

この段階に到達すると、かなりの効率で仕事がはかどります。

私は今、この第3段階目の状態で書いていますので、2時間で4万字というスピードライティングが可能なのです。

スラスラと文字を書いていって、あとから読み返した時に「なるほど」と思うことが多いのです。

この〝**考えるより先に手が動く**〟というようなトランスフォーム状態を、ぜひあな

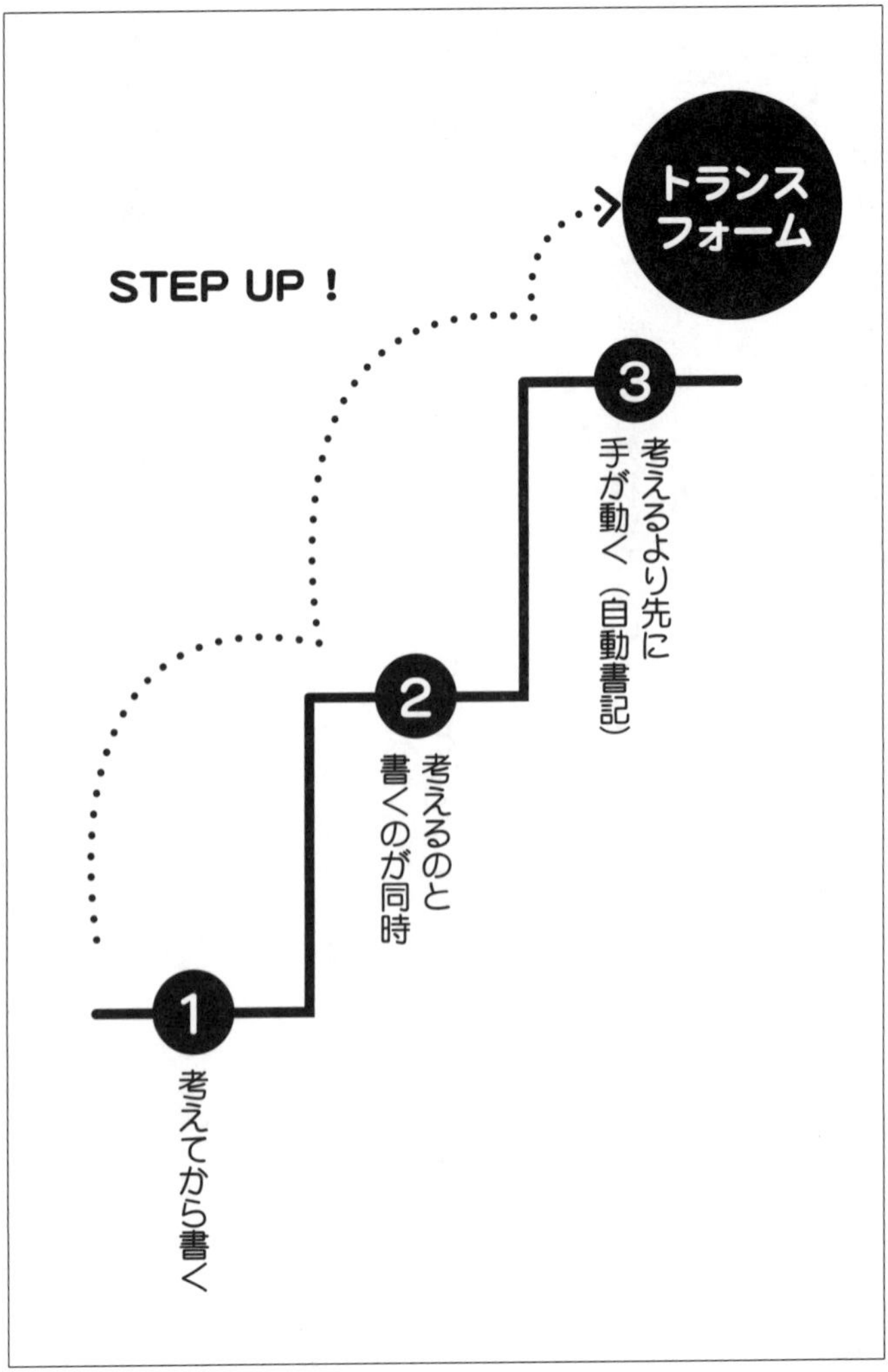
STEP UP！
トランスフォーム
1
考えてから書く
2
考えるのと書くのが同時
3
考えるより先に手が動く（自動書記）

「速書」トランスフォームまでのステップ

たに味わってもらいたいと思うのです。

私はこの3段階は、誰にでも可能だと信じています。

特別な人間ではない私にさえできたのですから、あなたはもっと大きな成果を出せるのではないかと期待しています。

そのスピードライティングの具体的な方法を、これからお伝えしていきます。

## 偉人たちの〝手書き習慣〟を真似てみる

では、考えるよりも先に手が書く、というスピードライティングの醍醐味《だいごみ》はどのようにして味わえるのか、そのやり方を述べていきましょう。

**〝判読可能〟という条件で、あとはどんな文章でも可能な限りスピードを上げて書く**のが、スピードライティングの基本になります。野球で言えば、キャッチボールやランニングに当たるスピードライティングの基本が、とにかく速く書くということです。

私は、一番大切な「本を書く」作業は手書きで、なおかつスピードライティングしています。だいたい月に1冊、年に12冊が最低ラインでそれ以上出すこともあります。他にも雑誌やメルマガなどを書いています。

この原稿もスピードライティングしているのですが、本になっているので、編集の方には何とか判読可能だったようです。しかし、手の動くスピードがあまり速いので、何回か「これは読めないな」という字になってしまい、自分で直すことがあります。その時は、判読がつくくらいに直して、すぐに先に進めていきます。

ただ、日常のビジネスの中だと、手書きはかなり減っています。私の知人にも、手書きは自分のサインをする時だけで、あとは1年を通して「手では書かない」という人も何人かいます。

また、少し前までは、小学校くらいまでのアナログ（手書き）時代を経てデジタル

（キーの操作）に移行する、というのが普通でした。しかし、今はデジタルが先という人も出てきています。そういう若い人たちにとっては、〝手書き〟は今までと逆のプロセスを辿ることになります。

最近では、手書きの習慣そのものが少なくなっています。ですから、初めは何でもいいので手書きでスピードライティングしていくことを習慣にして欲しいのです。

とにかく人の脳力は、使いすぎてダメになるということはありません。脳をサビつかせるより疲れさせる方がはるかにマシでしょう。

「It is better to wear out than to rust out.」なんて言います。サビつかせるよりも、すり切れる方がましですね。

私には、おそらくそうだったろうと信じていることがあります。

それは、昔の哲学者、賢人と呼ばれる人も「手書き」してアイデアを深めていったのであろうということです。

「でも、そんな古い時代には、紙もペンもないのでは？」という疑問もあるでしょう。しかし、先人は〝地面〟というノートに、〝木の枝〟というペンで、手書きしていたことは想像にかたくないのです。

つまり、スピードライティングそのものではありませんが、**手書き、アナログが、アイデアを出したり、深めていくのに有効**ということです。

カントの言うように、**手は外部に表出した脳の一部**なのです。

手を使うこと、イコール脳を用いることです。

まずは手書きの習慣をつけることからスタートしましょう。

「スピードライティングといっても、そもそも手書きそのものをしていない」という人たちは、以下のようなことから、手書きを習慣にしていって、「これ以上は無理」というところまでスピードを上げてみてください。

すべてを実践しなくても、一つでも二つでもいいので、〝手書き習慣〟をつけていくことが先決です。

**○日記**
**○メモ**
**○アイデア**

**○下書き**
**○原稿**

その他、文章ではありませんが、フローチャートや図解も手書きしてみるといいでしょう。

会議にPCを持ち込んでメモしている人も、ここはひとつ〝紙とペン〟のアナログにして手書きを行ってみてください。

## 「書写」で〝脳力〟倍増！

思い返してみると、私がスピードライティングに開眼するきっかけになった、と思うことが二つあります。

一つは、私の高等学校時代のことです。

1章でも触れましたが、高校時代、私は強度のあがり症で、その克服のために、武道やヨガを始めました。学校では柔道部、放課後や休日は、今で言うフルコンタクト系の空手道場に通っていました。

柔道部には、遅刻者への罰がありました。もしも部活に遅刻すると、校庭で「チワース」という挨拶を、50回、100回と先輩のOKが出るまで絶叫させられます。何としても避けたい罰でした。

一方、担任のM先生は授業態度のよくなかった生徒や、宿題を忘れた生徒には**書写をさせる**のです。昔の文豪の名文を、山のように書写させるわけです。私は態度もよくないし、宿題もやらないことが多かったので、というよりも学校にあまり行かずに遊んだり修行していましたので（笑）、よく書写をさせられていました。

しかし、この書写に時間をかけすぎると、柔道部の罰を受けます。私は必死で、とにかく猛スピードでノルマをこなして、M先生のハンコをもらい、柔道の部室に駆け込み危うくセーフ、という毎日でした。

ここで磨かれたのは、「判読可能」「スピードを上げて書く」という、スピードライティングそのものの能力でした。

また、私は出席率は悪くて、あまり勉強をしなかったのですが、テストの成績はかなりよかったのです。当時は「要領がいい」とばかり思っていたのですが、思い返せば、**スピードライティングによって脳力が倍増していた**ことが大きな理由だったのではないかと思っています。

あの当時は憎い（失礼）と思ったM先生には、本気で感謝しています。あの文豪の文章の書写がなければ、今のスピードライティングの能力は開花しなかったか、相当遅くなっていたと思うのです。

さてそこで、あなたにも**「書写」をお勧め**します。

題材は、「新聞の社説」のような、**短くてロジカルな文**がいいでしょう。あまり長いとヤル気をなくす人も、短い文ならトレーニングのつもりで続けられるものです。

あるいは、**好きな作家の文章**でもよいのです。けっこう楽しいものですよ。

実は、〝企業秘密〟でハッキリ名前は出せませんが、私も現代の作家の文を、何人かに絞って書写したことがあるのです。その後、自分の文体もその作家のように、わかりやすくインパクトあるものになった気がしたので不思議でした。

スピードライティングの命とも言えるのが、とにかくこれ以上は書けない、というくらいに速く書くことです。ゆっくり、のんびりではいけません。トランスフォームにつながりませんから、これだけは常に心がけましょう。目一杯のスピードで書くのです。そこから道は開けますよ。

## ゴーストライター時代に鍛えられた速書力

書写は、私のスピードライティング開眼のきっかけの一つでした。

もう一つのきっかけは、昔やっていたサイドビジネスです。

私は若い頃から文を書くのが好きで、よく投書をしていました。また、日記らしきものもずっと書いていた時期があります。そして、「いつか自分の本を出したい」という夢をもつようにもなりました。

その時は後年、120冊以上の著書を「手書きする」とは思いもよりませんでした。さまざまなところで文を書いていたら、ある出版社の社長さんと知り合いになり、「松本さん、本を書いてくれないか」と頼まれました。私は「自分の本を出せるのか」と思い、喜びましたが、そうではありませんでした。本を書きたいけれども書く能力のない人、忙しい人のために〝ゴーストライター〟をしてくれないかと言うのです。もちろん、私の名前は表には出ません。

「どうだろうか？　書くのが好きそうだし、それでお金になるんだから……」

私は確かに書くことは大好きでしたから、「よし、これも修行のうち」と思い、コンサルタント会社で仕事をするかたわらで、ゴーストライターを始めました。

といっても、平日は目一杯仕事がありますし、休日も当時は週に1日だけ。夜や休日に何とか時間を作って書くのですが、のろのろとやっている暇はありません。時間のとれた時に「集中して一気に」というパターンで行い、その結果スピードライティング能力が自然に養われていきました。

私には「自分の本」を出すという夢があったので、「これはあくまでもプロセス。

先には、必ず自分のために書くぞ」という自負心が心の奥にありました。

ですから、他の章でご紹介してきているスキルとまったく同じで、「何のためのスピードライティングか」という目的は、しっかりと持っておくべきなのです。

ゴーストライターの仕事は、相当にプレッシャーがあって、追い詰められた感覚でした。しかも、何回も理不尽なことがありました。

「松本さん、ここは表現が難しすぎるね。もっとわかりやすく書き直してください」と言われると、「自分が難しい表現にしてくれと言ったんじゃないか。何なんだ」などと心の中で思うこともしょっちゅうでした。〝著者〟はある内科のお医者さんでしたが、「もう、自分で書けばいいいんじゃないですか」と口まで出かかることも一度や二度ではありません。

30歳の時には1年間、タイで仕事をしていたことがあります。半分は遊びでしたが、この頃にも、ゴーストライターの仕事を何冊か抱えていて、タイから原稿を送ったこともありました。

しかし私は、そのゴーストライター時代に、スピードライティングのコツをつかんでいったのです。

この時の、**自分を追い詰めて「大量に書く」**というトレーニングが、今のスピードライティングの原点になっているのは、今考えるとラッキーでした。

もしも私に、高校時代の書写の毎日と、ゴーストライターの修行の時代がなかったら、今のような〝考えるより先に手が書いていく〟というトランスフォームは、なされていなかったでしょう。

とにかく分量多く書く。このことを実行していくのです。

**速く、多く書くことを習慣にすることが、スピードライティングの基本**になります。

## 評価がグッと上がる報告書作成ポイント

職場では、〝報告書〟を提出することが多くあるでしょう。

しかし「書く」という習慣がない人にとっては、この報告書などの文書作成が苦痛なのではないでしょうか。苦痛であるのは、書き慣れていないことと、文章を上手にまとめるコツがわからないという、知識・スキルの不足に原因があるようです。

私は、40代、50代の上司に当たる方にも研修をしていますが、その際に出る声の多くは「部下の報告書がわかりにくい」「何が言いたいのかわからない」「長すぎる」といった類《たぐい》のものです。

これらは結果として、上司の大切な時間を奪うことになり、部下であるあなたの印象がよくなりません。

逆に、**わかりやすくて、まとまった報告書を出しますと、「彼はデキる」「彼女は能力が高い」というように、あなたの評価はグーンと上がります。**

次のポイントを頭に置いて、報告書をまとめていってください。

## 1 タイトルで内容と結論を示す

まず、報告書の**タイトルだけで内容と結論がわかるように**しましょう。

これは、他の文でもメールでもまったく同じです。

○A社への値上げ交渉成功の詳細
○神奈川地区　営業、初回訪問のデータ
○B社　契約不成立の原因

日本語は、文末にならないと意味がわからないことが多い言語です。

たとえば、

「……と思います」

「……と思いません」

「大きな違いがありました」

「大きな違いがありませんでした」

となります。

ですから、初めから長々と文をつらねていってはなりません。

タイトル1行で内容と結論をしっかり示してから、文を続けましょう。

## 2 ポイントを箇条書きにする

「ポイントを3点、述べます」

「二つの理由を述べたいと思います」

というように、**内容を2、3に絞り込んで短い文で書く**ようにしてください。

性格がよくて丁寧な人ほど説明が長くなりがちです。

しかし、大切なことは〝報告を受ける相手〟を考えることです。いくら丁寧に長く書いたとしても、読み手の上司にとってわかりにくければ、いい報告書とは言えません。

番号を振って、箇条書きにすると、わかりやすく読みやすい報告書になります。

## 3 事実と感情をハッキリ分ける

「いい感触でした」

「たぶん大丈夫だと思われます」

「賛成してくれるムードでした」

などというのは、報告の中でも〝あなたの感想、感情〟であって、事実とは異なることもあります。

「たぶん大丈夫です」と言って、うまくいかなければどうでしょうか? 不成功の場合の印象は悪くなってしまうでしょう。

むしろ、「私見では、大丈夫だとは思いますが、楽観視はできないでしょう」などと言っておいた方がいいのです。

「私見では」「あくまでも私の考えです」「感想としましては」というようにして、**報告上の事実と、あなたの意見は分けておくこと**です。

以上が報告書を書く時のポイントです。

企画書などにも応用できますので、試してみてください。

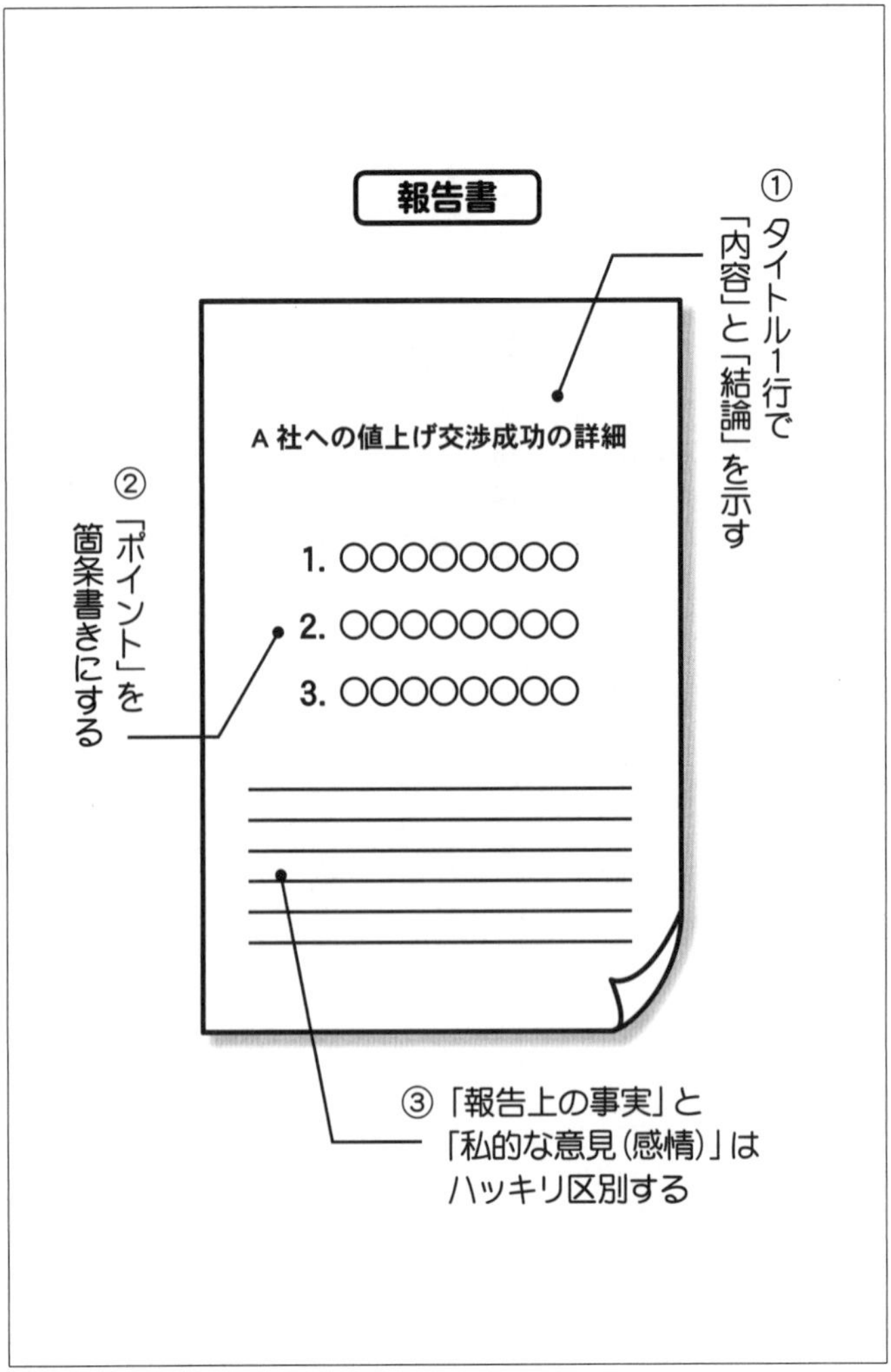
報告書
①タイトル1行で「内容」と「結論」を示す
A社への値上げ交渉成功の詳細
1. ○○○○○○○○
2. ○○○○○○○○
3. ○○○○○○○○
②「ポイント」を箇条書きにする
③「報告上の事実」と「私的な意見（感情）」はハッキリ区別する

報告書の書き方

## 漢字がスラスラ書けるようになるシンプル習慣

もう一つ、ライティングを億劫《おっくう》にしている原因に漢字力の低下があげられます。逆説にはなりますが、これは手書きをしていないからなのです。子供の頃は、お絵描きにしても、夏休みの絵日記でも、皆〝手書き〟をしていたでしょう。あるいは、小学生の頃に漢字を手書きしていたからこそ、今、新聞が読めるのです。

私は帰国子女のクラスで研修することもあります。しかし、中学に入るまで英語のみで、漢字を手書きしなかった方は、残念ながら、漢字の識字率が低いのです。大人になってからでは、余程の努力をしないと覚えることができず、スラスラと新聞を読めません。

また、本章の冒頭でも触れましたが、日本で育った方たちも、デジタル化によって漢字の識字率が大幅に下がっています。

スピードライティングによって、少しずつ漢字を覚えましょう。

ここで大切なのは**〝手で覚える〟**ということです。

ゆっくりではいけません。考えられる最高のスピードで、なおかつ判読可能な文字で書いてみましょう。

1日三つ、各10回ずつを習慣にしてみてはいかがでしょうか。

ここでは無理に覚えようとしなくていいのです。とにかく数多く書くコツをつかみましょう。1日三つ、月に90の新しい漢字にチャレンジしていくのです。変化もあって、楽しくトレーニングでき、しかも〝脳力〟がつきます。

今は漢検ブームですから、漢検にチャレンジしてみるのも、楽しくやる分にはお勧めです。どこまで上達したのかというバロメーターになります。

## これであなたも〝教養人〟になれる

漢字は、英語の単語と同じで、現場で実際に使うことが大切です。

そして、人が集まっている場で発言したり、公にものを書いたりする時に、**ちょっとした教養を示せるのが「慣用句や熟語」**なのです。英語も、単語だけよりは、イディオムとして記憶したら、俄然《がぜん》、使えるものになるでしょう。

お勧めは、常に手元に慣用句や熟語の辞典を用意しておくことです。ポケットサイズでいいので、「すぐに手の届く所に置いておく」のがポイントです。

私も、原稿を書く時に、ちょっとした時候の挨拶などをパッと引用できるように手元に置いてあります。

今開いてみたら、「商《あきな》い三年」ということわざが出てきました。

ビジネスは、しっかりと顧客をつかみ、利益を出すまでに3年はかかるから、そこまではつらくても辛抱せよ、という意味です。

先日は、頼まれた原稿で「学者の取った天下なし」ということわざを使いました。これは、特に政治の世界で、天下国家を論じるだけでは現実には政治が動かない、という意味です。私は、政治に限らず、理論倒れに終わらない戒めとして用いました。

毎日のノルマにすると大変なので、手元に置いて、暇な時にパラパラと眺めましょう。そして、「使えそうだな」と思ったら、書いたり、声に出したり、実際に使ってみるのです。

**○現実に使ってみること**
**○辞典を身近に置いておくこと**
**○暇な時に眺めること**

この三つの徹底によって、熟語、慣用句は必ず身につきますよ。

漢字のスピードライティングに飽きてきたら、**しばらく慣用句や熟語に切り替えてみる**のもいいでしょう。

## 横書きで脳を刺激する

次に、英単語でもいいですし、英文、名文の類でもいいので、英語をスピードライティングしてみましょう。

〝覚える〟というのはサブです。メインは、スピードをつけて書くことそのものにあります。

日本語の場合でも、普段縦書きであれば、**スラスラと横に書いていくのも〝変化〟があって脳の刺激**になります。

ちなみに私は、横書きの方がスピードがあるので、本の原稿は今はすべて横書きのスピードライティングをしています。

また、横にも縦にも、方向を変えながらスピードをつけていくと、その時のベストの「姿勢」「手首の使い方」「腕の動かし方」が、自然に身についていきます。

つまり、スピードを上げて書くことによって、あなた自身にとって最適な型を見つけ出すのです。

トランスフォームの瞬間、あなたの手は、考えるよりも先にスラスラと動き出しますよ。この感動の一瞬を、味わってみてください。

## モチベーション維持の秘訣とは？

スピードライティングだけに限りませんが、**記録をとっておくことは、モチベーションを上げるためには必要なこと**です。

先述しましたように、私は今年ランニング（というよりジョギングに近いのですが）を始めました。

専門の雑誌を手にしたら、記録のとれる小冊子が付いていました。そこに、毎日何分走ったか、体重は何キロかというように記録する欄があります。面白いもので、このチェックを始めたら、走ることそのものが楽しくなってきたのです。

といっても、「昨日より記録を上げよう」などと、ムリに思ったわけではありません。ただ〝記録しているだけ〟なのですが、面白いようにヤル気が出て、走ることそのものがすぐに習慣化したのです。

もしも、ただ長く走れとか、速く走れというのであれば、ここまでヤル気も出ませんし、長続きしないはずです。

あなたも、ノートを1冊用意して、スピードライティングの記録をとってみましょう。

昨日と比較して、タイムを上げようとか、分量を多くしようなどと構える必要はありません。もっとリラックスして、記録したあとは、スピードライティングのことは忘れてしまってかまいません。

もちろん、毎日そのノートを見て、「よし、昨日よりも速く書こう」というチャレンジをすることもいいでしょう。

スピードリーディングとまったく同じで、**タイムを計り、何を、どのくらいの分量、どのくらいのスピードで書いたのかを記録しておきます。**

注意点が一つあります。

あまりタイムを上げるために計測、記録していきますと、そのことが目的化しがちです。せっかくのスピードライティングが「楽しくない」となってはオシマイです。

「さあ、今日も楽しく書くぞ」とリラックスして、気軽に取り組んでみましょう。

「極力速く」「記録はとる」、これだけでいいのです。「速く書こう」とか「意味をつかみながら」などとは考えないでください。

むしろ、無心の方が、スピードが上がります。リラックスできているからです。

## 劇的にスピードが上がるワザ

慣れてきたら、一番スピードが上がるあなたの「型」を見つけてみましょう。**書くもの、書く用紙、書く時間、書く場所などにおいて、自分にピッタリの条件をそろえる**のです。

少し触れたように、私は横書きのＢ５サイズの原稿用紙（４００字詰め）が一番スピードが出ます。さらに、あるメーカーの水性ボールペンが一番スピードが出るのを知っています。

これが自分の「型」なので、極力この条件に合わせるようにしています。

ただし、あえてスピードを落とすために、書きづらいペンで書きにくくして、わざと200字詰めの原稿用紙にするようなこともあります。この本の原稿も、ベースは私の「型」で書いているのですが、あえて変化をつけたり、自分にハンディを課すために、サイズを変えたり、縦書きを混ぜたりもしています。

そして、一日の中で一番集中力の高いプライムタイムに、一気にスピードライティングするのです。

先述したように、プライムタイムは通常午前中の2時間です。ただ、平日のプライムタイムは、皆さん仕事をしているでしょう。ですから、初めのうちは休日限定でもかまいません。

コマ切れ時間には、スピードライティングのリハーサルとして、短い文章を肩慣らしくらいのつもりで書いてみましょう。

さらに私は、プライムタイムからもじって、**「プライムプレイス」**という言い方をしています。つまり、**一番効率がよく最小の努力で最大の成果の上がる〝場所〟**ということです。

私は、ちょっと前までは、自宅のリビングのテレビの音が聞こえ、電話も鳴り、家族の会話もあるような少々ウルサイ、食卓こそがプライムプレイスでした。どういうわけか、書斎は静かすぎて、あまりスピードが出ないのです。

ところが、一昨年、ある都心のホテルの高層階の部屋で執筆をしたら、今までの数倍速でライティングできました。早朝、富士山を眺めながら、朝風呂にお気に入りの入浴剤を入れてリラックスしたあとに書いたら、自宅のリビングで書くよりもはるかにスピードが上がりました。

そのあと、プライムプレイスとなったそのホテルでは、5冊の本を書き上げました。予算の都合もあるので、いつもそこを使うわけにはいかないのですが、自分にとってのプライムプレイスは、何カ所か場所を変えていく中でつかめるのかもしれないな、と思うようになりました。

あなたも、スピードライティングをしながら一番スピードが上がる型を見出して欲しいのです。

これは、原稿用紙そのものが「200字詰めか400字詰めか」「B5かA4かB4か」、あるいは、書くものは「ペンか鉛筆か万年筆か」というように、自分の手書きで何が一番スピードが上がるのかを知ることです。

最もスピードが出る自分の「型」

さらに、プライムタイムとプライムプレイスを組み合わせれば、トランスフォームまでの時間は大幅に縮まるのです。

## “楽しむ”ことでトランスフォームが近づく！

私は、人材育成コンサルタントとして、研修を年平均200回ほど行っています。ただ、私としては執筆量を増やしたいので、ここ何年かのうちに、研修は年100回を切る程度にとどめていきたいという考えでいます。やはりじっくりと考える時間が必要です。

絞り込んで100回に抑えていった研修の中では、私はこれからずっと、受講者に尋ねたいと思っていることがあります。何だと思いますか？

それは、「どうですか？　今日の研修は楽しめましたか？」という質問です。

途中がどんなに苦しくつらかったとしても、
「ああ、勉強になった」
「現場で早く使ってみたい」
「脳が活性化した」
「目からウロコが落ちた」
というような内容であれば、研修の終了後は「楽しかったです」というコメントになるものです。

そして、これは本書でも同じことが言えます。

**「スピードライティングを、ここで読んで、さらに実践してみて、楽しめましたか？」**

答えが「イエス」の人は、もうトランスフォームが近いですよ。

先の3段階の最後である、「考えるよりも先に手がスイスイと文を書いてしまう」、この境地に至るのには、実は楽しむことが早道なのです。

スピードライティングを楽しめる人には、手が勝手にどんどん文章を書き進めてくれるという大きなプレゼントが与えられます。

スピードライティングは、本書の他のテーマであるタイムベースマネジメント、スピードリーディング、スピードシンキング、スピードプレゼンテーションと比べると、おそらくなじみの少ないものでしょう。

私のオリジナルですので、聞き慣れなくて当然です。

こうなると、ビジネスの現場での応用もまだ未知数のところがあり、これからが楽しみのテーマでもあります。

実践された方は、ぜひお便りをお寄せください。

トランスフォームポイント

## 4速スキル③
# スピードライティング「速書」

- □トランスフォームまでの3段階を目標にする
- □〝判読可能〟という条件で、できる限り速く手書きする
- □とにかくたくさん文章や単語を書写する
- □報告書の書き方を手書きでマスターする
- □何をどのくらいのスピードで書いたのか、毎日記録をとる
- □一番スピードが上がる、自分に合った「型」を見つける

6章

4速スキル④

## スピードプレゼンテーション「速プレ」

# 言いたいことをうまく伝える話術

営業スキル、説得力、交渉力、プレゼンテーションの効果的なノウハウがあれば教えてほしい。

（30代・営業）


伝わりやすい話し方、表現の仕方を知りたい。

（20代・事務）


社内調整が一番大変。いかに上司を説得するか。

（30代・経理）


顧客の希望を通すために、他部署を説得しなきゃいけない。いつも悩みの種になっています……。

（30代・営業）

# 「わかりやすさ」が人を動かす

4速スキルの4番目は、スピードプレゼンテーション（速プレ）です。

本章では、**あなたが言いたいことをうまく伝える方法**を伝授します。

それは、いたずらに華々しく、派手に伝えるのではなくて、むしろ地味ではあっても、着実に、確実に伝えるプレゼンです。

調子の波に乗ることを「有卦《うけ》に入る」と言いますが、スピードプレゼンテーションは、あなたをパッと有卦に入らせるためのスキルと言えます。

プレゼンテーションにおいて、まず念頭に置いていただきたいのは**「わかりやすさ」「理解しやすさ」**です。

中には、難解な言い回しにした方が格調が高くていい、と言う人がいます。しかし、少なくともビジネスプレゼンにおいては違います。

私自身、20代の頃のプレゼンは、とにかく目立つこと第一で、派手なプレゼンをしていましたが、今は、肩の力が抜けた自然体でプレゼンをしています。究極は、人前に出てもいつもと同じように話せればいいと思っています。

もちろん、ただの世間話ではありませんから、プレゼンの内容はしっかりとまとめてポイントを絞り込んで伝えていく必要があることは言うまでもありません。

**自然体でリラックスして、しかも強調すべきところはしっかり伝えられる**ような、そんな理想のプレゼンについて、これから述べていきましょう。

## まず1行にまとめるクセを

「言いたいこと」は何なのか、これを常に鮮明にしてプレゼンに臨みましょう。

もっと具体的に言えば、言いたいことを〝1行でまとめる〟ことです。

たった1行、それがあなたのプレゼンの本体であって、その1行を、15分なり20分を用いて相手の記憶に残し、心に響かせて〝相手を動かす〟のです。

**〝1行〟を自分の言葉、態度、熱意で訴えかけていくこと**が大切です。

**○取引先に商品Aを購入してもらう**
**○プロジェクトXの予算を確保する**
**○新しい組織について理解してもらう**
**○他部門に提案を受け入れてもらう**
**○新機種を導入してもらう**

社内外問わず、プレゼンのチャンスは多くあるものです。広義に考えて、あなたの意見を発表したり、受け入れてもらうということなら、会議での発言や小集団活動もプレゼンと言えなくもありません。

なおさら、1行でまとめることが重要になってきます。「だから、何が言いたいの？」と言われたらオシマイです。

「結論から先に言う」とか、「ポイントを三つにまとめて伝える」「起承転結を考えて話す」といったことも、あなたが言いたいことを1行でまとめたあとの作業になります。

真っ先にやるべきは、**あなたの主張、コンセプトは何なのか、**ということを自分でハッキリさせておくことです。

わかり切ったことのようですが、現実にやっている人は少ないのです。

## 〝ビジュアル〟は直接成果につながらない

次に大切なポイントは、**〝極力、視覚物を使わない〟**ということです。

このように言うと、「エッ?」と思われる方も多いかもしれません。以前で言えばビジュアルプレゼンテーション、昨今はデジタルプレゼンテーション花盛りですし、私自身もプレゼンの講師をしていますから、あまり大きな声では言えませんが……。

私は10年以上前にこのことに気づいて、声高に主張したのですが、少々早すぎました。物事にはタイミングがあって、半歩先を行くくらいですと「先見の明がある」とほめられますが、3歩も5歩も先を行くと、理解してもらえません。当時の私の主張はそうでした。

ところがここ数年、時代が追いついてきてくれました。

「プレゼンは紙1枚にまとめよ」とか、「言いたいことは3行にまとめよ」というようなプレゼン方法が説かれ始め、中身重視のいい方向に戻ってきています。そう、もうビジュアルは十分です。むしろ、あなた自身がビジュアルのつもりでプレゼンしましょう。

そうでないと、アニメーションの動かし方がどうこうとか、スライドの背景は白がいいとか、寒色系がどうだとか、プレゼンの〝本筋とまったく関係ない〟ことに頭を悩ましがちになります。

私はこれを「手段の目的化現象」と呼んでいます。

**ビジュアルというのは、あくまでもあなたのプレゼンのオマケであって、サブの位置から超えてはいけません。**

あなたの目的は、グラフを作ることそのものではありません。スライドを作ることがプレゼンではないのです。

あなたは、プレゼンで〝何が言いたい〟のでしょうか？

聴き手に〝何をしてほしい〟のでしょうか？

このあたりがハッキリしていたら、別にビジュアルがなくたっていいのです。そのくらいのつもりで、自信をもって伝えていきたいものです。

たとえば、今まで20枚のスライドで説明していたなら、半分の10枚にしましょう。その分、見せてゴマかすのではなくて〝言葉で説明〟するようにしてください。

ビジュアルプレゼンに傾りすぎてしまって、私たちの説明力、話力というのは確実に下がっています。また、聴く力も、衰えていると言わざるを得ません。

一番の愚は「テレビのテロップ」でしょう。人が話したことをテロップで流すと、当然読めばわかるので、人の話を聴く力は衰えてしまうわけです。

私の好きな深夜番組の中に、テロップでツッコミを入れる番組があります。これは一つのテクニックだと思います。

しかし、そうではなく、話している内容をそのまま言葉にしてテロップで流すことは聴く力を下げてしまうと、ずっと警鐘を鳴らしています（もちろん、耳の不自由な方への配慮としては大切です）。

これは閑話休題として、まずは、**「視覚物に頼りすぎない」「視覚物を半分に減らす」**ところから、あなたのプレゼンの土台を改善してみましょう。

10年前に比べると、動画を取り入れるなど、視覚物そのものも進化しています。しかしそれは、本来のプレゼンからは外れていると思います。どちらかというと、初期のテレビのような、現場に行けない方々のための再現映像という位置づけではないかなと思うのです。

今のインターネットだと、動画が普及していますから、テレビやＤＶＤではなくて「ネットの動画で十分」という場合もありますね。私も、好きな格闘技や韓国ドラマなどはずいぶんネット上で公開されている動画で楽しむようになりました。

でも、これはプレゼンテーションそのものではありません。

やはりビジュアルはサブの位置づけでしかないのです。

仮に、デパートの売場の改善についてプレゼンしたとしましょう。現在の売場を、動画を用いてリアルに見せるのはアリかもしれません。しかし、それはプレゼンそのものではないでしょう。

**あなたの主張、改善のコンセプトがプレゼンの中心**です。

何も動画がなくたっていいわけです。

紙とペンだけで十分。大切なのはあなたの熱意です。そのような原点に立ち戻るべき時期に来ています。

これからの時代に生き残りたいなら、ビジュアルに頼りすぎないプレゼンテーション、中身での勝負を心がけましょう。

プレゼンの本質

## ココを押さえればプレゼンは大成功！

もちろん、ビジュアルを用いた方がいい場合もあります。

医師が手術風景を見せて説明しなくてはいけない場合や、新商品のパッケージのデザインなどはビジュアルで見せないと説明できないし、わからないでしょう。

これを身ぶりで示せるなどと、無茶なことを主張しているわけではありません。その辺は常識で判断してください。

主題に関係のないグラフ、言葉で説明したら十分に足りる内容、凝ったデザイン、注意を引かせるためだけのスライド……こういうものは、思い切ってやめましょう、と言っているわけです。

もちろん、プレゼンが長くなりそうな場合に、私の言う**「ラウンドガール効果」**として用いることはアリです。

ボクシングや格闘技では、試合の合間にスポンサー名入りの水着を着たラウンドガールが登場することがあります（選手のグローブやトランクス等にスポンサー名が入っている場合もありますが……）。いわゆる〝ビックリ効果〟で、注目してもらうのです。

このように、少し変化をつけ、注目させるようなものは許されるでしょう。しかし、言うまでもなく、それは試合そのものではありません。メリハリをつけるためのビジュアルは、プレゼン本体ではないので、あまり多くしなくていいのです。

では、大切なことは何でしょうか？

ちなみに私は、デジタルプレゼンの講師もしています。この時、スライド作成については、他の講師に任せてしまっています。

私が担当しているのは、〝話し方・話術〟です。アイコンタクトやジェスチャーも含めて、説明、説得する話術を磨く方法を教えています。また、〝何を話すのか〟というプレゼンの内容についても触れています。

私はいつもスライドを見せながら、プレゼンのセミナーを始めます。しばらく経ったら、スライド画面を消して、話を続けます。

「皆さん、画面をつけても消しても私の話し方、アイコンタクト、ジェスチャーは変わらないでしょう」

と言って、再びパッと画面をつけて話して、また消します。

「どうですか。今、竹下さんに話をしていますよね。これは画面があろうがなかろうが、同じなのです。プレゼンの土台に当たるものです」

と言って、話術のポイントについて考えてもらい、私はまとめ役として意見を伝えます。そして、現場で使えるように実習を加えていくのです。

プレゼン力を高めるために、真っ先にやるべきことは、スライドの作成ではありません。プレゼン力は、間違いなくあなたの**「話術」と「内容そのもの」**なのです。

ここさえしっかり押さえたなら、プレゼンは大成功します。

カラー化だとか、文字のフォントだとか、アニメーション云々《うんぬん》は二の次、三の次です。

それでは、話術について述べていきましょう。

## 話術① すぐに使える5大スキル

話術とは、声の大きさ、スピード、間《ま》のとり方、さらには〝高等テクニック〟といえるスキルによって成り立つものです。この辺は、どのような内容のプレゼンであろうとも共通しているものです。

以下の五つを盛り込んでいくと、あなたのプレゼンは、注目に値するだけの素晴らしいものとなります。

### 1 大きな声と小さな声を組み合わせる

一本調子に話すと、何を強調したいのかがわからず、言いたいことがボヤけてしまいます。

〝話し方にメリハリをつける〟ということなのですが、具体的にどうしたらいいの

↓相手の心にグッと迫る！

**話術 ① 5大スキル**

1 大きな声と小さな声を組み合わせる
2 休みながら話す（間）
3 どんどん質問する
4 具体例をあげる
5 オノマトペを入れる

↓説得力が倍増する！

**話術 ② 目ヂカラ**

1 キーパーソンには長くアイコンタクトをする
2 スマイルを併せる
3 死角に注意する

プレゼンを効果的にする2つの話術

かわからないでしょう。

私は、あくまでも実践的に伝えたいので、この通りにやっていただければ成果が出るという方法を、具体的にまとめました。

**○時々大きな声を出す**

主張したいポイントや、ストーリーの中では見出しに当たる**「問題点」「解決策」「弊害」「商品の特徴」「成果」**などの〝節々〟においては、あえてガーンと大きな声を出します。

あとは普通に話していていいのです。

また、なんとなく聴衆が退屈そう、眠そうなどという時にも、ガツンと大声を出します。

**○時々小さな声を出す**

これは、雄弁さが必要な落語家や、政治家のような〝プロ〟が用いるスキルと言えますが、私たちもプレゼンのプロへとトランスフォームするためには、積極的に用いたいところです。

「エッ、聴き取りにくい」

「何なの？」

というくらいに、**思い切ってプレゼンの途中で声を小さくしてみます。**

ここだけのオフレコ話のみならず、思い切って〝大切なポイントの直前〟に、小さくしてみてください。

聴き手は、シーンとなって、集中してくれますよ。

もちろん、すべて小さな声ではダメなことは言うまでもありません。

## ② 休みながら話す（間）

**「間」は、話術のプロになるためには欠かせない〝スキル〟**と言えます。

今は亡き徳川夢声《むせい》氏は、ラジオ時代の話術の名手でした。夢声氏の語りの魅力は、長い独特の「間」にあります。

ラジオでは、まったく語らない「間」をとると、聴取者が「アレ、故障かな?」と、他局に替えてしまうと考えられていました。しかし、夢声氏は、〝ギリギリまで黙る〟というやり方を実践して、聴き手の心をグッとつかんだのです。

「間のとり方は?」「タイミングはどうするのか?」などと難しく考えなくていいのです。

「ちょっと休もう」「少し、間をとるか」と、軽い気持ちで休み休みプレゼンしてみてください。これが実に効果的です。

プレゼンでは「これだけのことを話さなくてはならない」と思い、どうしても、ペラペラと休みなく話しがちです。思い切って、**ゆっくりとマイペースで、休みを入れながら話すくらいにすると、かえってちょうどよくなる**ものです。

## ③ どんどん質問する

「どう思いますか、斎藤さん?」

「山本さん、いかがですか？」

私は、研修の中では、どんどん指名質問をしていって、聴衆と話し手という「カベ」を取り除いていきます。

さらに、「じゃあ、一緒に見てみましょうか」と言って、スライドを「共に眺める」などということもあります。

そして今は、このカベをさらに取り払って、同じ人間として時間を共有していく研修へとトランスフォームすることがあります。

「今日はいい発見がありましたね」

「今日は楽しかったですね」

と、話せるわけです。

プレゼンも同じで、プレゼンターと聴衆という分けへだてのなくなる境地が〝達人〟であると思うのです。

**まずは「どんどん質問する」**。これは忘れないでください。

ただ、プレゼンと研修とは異なりますから、取引先の方々を前にして〝指名〟はしにくいかもしれません。

そのような場合は、**「どう思いますか?」「なぜでしょうか?」と、特に個人に質問せずに、全体に質問を投げかける**のがいいでしょう。これだけで、相手はあなたのプレゼンを〝考える〟ようになります。

## 4 具体例をあげる

**○質問する**
**○テンポよく**
**○具体例をあげよ**

というのが、デール・カーネギーの説いた話し方の基本ルールでした。

私の言う5大スキルも、これに則ったものです。特に意識してそうしたわけではありませんが、実践してきた人の言うことは時代が変わっても共通しているのだな、とつくづく感じます。

ただ「シートベルトをしましょう」と言うよりも、

「日本経済新聞の○月○日の記事には、シートベルトを着用すると生存率が83％高い、と出ていました」

「10日前に東名を運転していたら、大きな接触事故を見かけました。路肩に大型トレーラーと小型車が停まっていました。この小型車がペチャンコになっていて、同乗していた妻が、『新聞に載るかもね』と言っていました。翌日、新聞に出た記事を読んだところ、シートベルトをしていなかった小型車の二人は残念ながら亡くなっていました」

と言う方が説得力があるでしょう。

理屈だけでは人は動きません。

「なるほど」と納得させるには、**できるだけ身近な具体例をあげてみる**ことです。

昔から〝**一理三例**〟と言うように、一つの理論、理屈を納得してもらうには、**三つくらいの具体例、実例をあげるといい**のです。

ということは、パッといつでも具体例を出せるように**ネタをストック**しておいて、記録しておくことです。芸人さんのネタ帳と同じです。

## 5 オノマトペ（擬音語・擬声語・擬態語）を入れる

実は、これは現在私が研究しているテーマです。オノマトペ（擬音語・擬声語・擬態語）を上手に用いると、あまり大きなジェスチャーや、大声を出さなくていいことが、最近わかってきました。

たとえば、仕事上の業務が拡大している様子をジェスチャーで示したければ、両手を左右に拡げて「拡大しています」と言えばいいでしょう。

しかしオノマトペを入れれば、仮にジェスチャーを使わなくても、同様の効果があります。

「グーンと拡大しました」

「みるみるうちに、広がったんです」

というように、**話術で十分に強調可能**です。

私は、これをあまり使いすぎると「品がなくなる」と誤解していました。

年に２００回ほど行っている研修で〝実験〟してみますと、「オノマトペを多用しても品は下がらない」ことがわかりました。大発見です。

仮に大声を出さなくても、メリハリがきくのです。

もちろん「ガツンときて、ワーッと思ったらパッと……」など、一つの文の中に何回も連発してはおかしいですね。

しかし、適度に用いれば、まったくおかしくはありません。

オノマトペを用いて、人の心にググッと迫るプレゼンにしましょう。

あなたのプレゼンはガラッと変わりますよ。

## 話術② 目ヂカラで説得力倍増

頼山陽《らいさんよう》の詩に、「諸国大名は弓矢で殺す　糸屋の娘は目で殺す」というフレーズがあります。

もちろん、これは〝目ヂカラ〟であり、色目、流し目で男の心をコロリと参らせるという意味です。

プレゼンでも、説得力のある人はこの目ヂカラが全然違うものです。

プレゼンの際には、**目ヂカラ、アイコンタクトを効果的に使いましょう。**

私が実践してきているもので、実際にやってみるとアッという間にトランスフォームにつながるやり方を三つご紹介します。

ぜひヒントとして取り入れて、説得力あるプレゼンをしてみてください。

## 1 キーパーソンには長くアイコンタクトをする

私はあがり症でしたので、アイコンタクトをしっかりと全員にするのはとても大変でした。

そこで、「この人がウンと言えば企画が通る」ようなキーパーソンを見つけて、せめてその人にだけは長くアイコンタクトをするようにしました。

これだけで、**説得力が断然違いました。**

その後、全員にアイコンタクトできるようになっても、この**「キーパーソンに長く**

**アイコンタクトをする」**ことは徹底してきました。
アイコンタクトを戦略的に用いていくことによって、あなたの説得力は急カーブで上がるのです。

## 2 スマイルを併せる

効果的にアイコンタクトするためには、**スマイルと併せて行うといい**でしょう。

**スマイルは、〝余裕がある〟〝自信がある〟ことを物語ります。**

スマイルが入るだけで、あなたのプレゼンターとしての評価は高くなるものです。

人前での話術としてスマイルやアイコンタクトについて言う人は多いのですが、〝併せて行う〟ことを言う人は、あまりいません。

しかし実際に、スマイルをしながらアイコンタクトをすると、目ヂカラは倍増するものなのです。

もちろん問題提起、トラブルなど、テーマや状況によっては真顔の方がいい場合もあります。

## 3 死角に注意する

聴衆が多い場合には、どうしても〝死角〟ができます。

たとえば、前列両サイドにはなかなか目が配れません。あるいは、後列の隅なども同じです。右利きだと自分の左側には目を向けやすいのですが、右側には目を向けにくいのです。

ですから、自分の目が向きにくい**死角を知ることがまず大切**になります。

そして、**死角には、意識的に目を向ける**のです。

そうすることで、バランスのとれたアイコンタクトができるようになります。

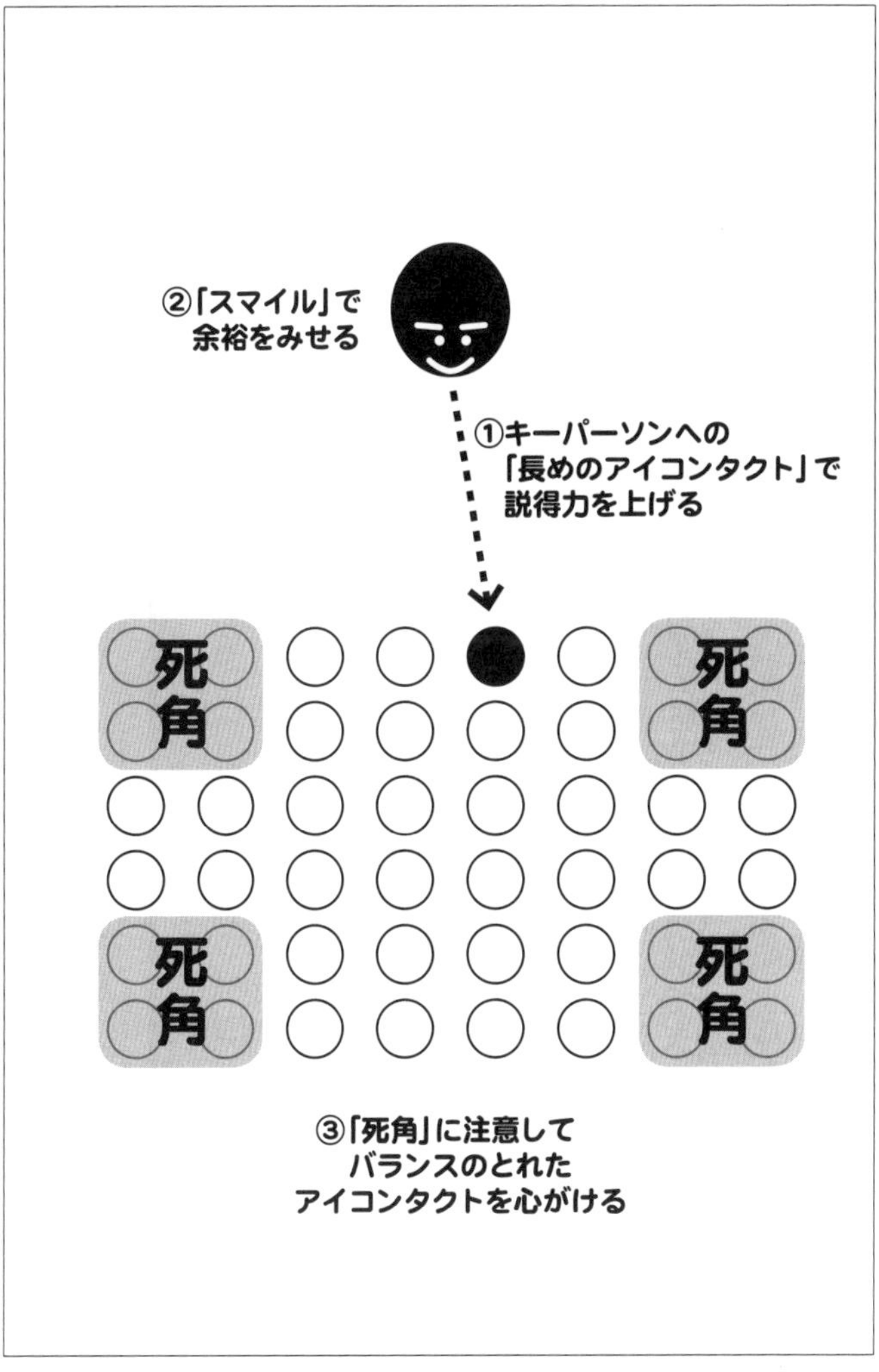
②「スマイル」で
余裕をみせる
①キーパーソンへの
「長めのアイコンタクト」で
説得力を上げる
死角
死角
死角
死角
③「死角」に注意して
バランスのとれた
アイコンタクトを心がける

説得力が倍増するアイコンタクトのポイント

## 話術③ 重要ポイントはジェスチャーで強調

ジェスチャーは、先述のオノマトペをうまく用いれば、少なめでも大丈夫です。

ただし、**〝ここぞ〟という時には、ジェスチャーによって力強さを加えるとよい**でしょう。

この場合、ジェスチャーの基本は「ゆっくりと大きく」です。あまりスピードをつけると、攻撃的なニュアンスとなりますので気をつけましょう。

また、大きくゆっくり動かすと、落ち着いて見えるという効果もあります。

次に紹介するボディーランゲージは、「間違いなく成功します」「絶対の自信があります」「ご安心ください」などという言葉と併せると、効果的です。

ジェスチャーは、**〝言葉と併せて〟**行うことで、あなたの話にパワーを加えてくれます。

**○拳を握る**
**○上から下に腕を振る**

もみ手をしながら、

「たぶん売上げが伸びる可能性はありそうですが……」

と言うよりも、拳を握って力強く、

「必ず売上げ30％伸ばします！」

と大きな声で断定した方が、はるかに力強さが伝わるものです。

ジェスチャーやアイコンタクトは、話の中身そのものではありません。しかし、上手に用いていくと、飛躍的にあなたのプレゼンは上達します。

トランスフォームには見た目、型も大切なのです。

## 相手の心をガシッとつかむ内容構成術

次に、プレゼンの内容、構成についてお教えします。

企画、プレゼン、本などで、人の心をつかむには、そこに脚色、ストーリー、ドラマが欠かせません。

私はこれを、**「親（オヤ）は（ワアッ）ナルホドの法則」**といっています。

もちろん、覚えやすくした私の造語です。

ちょっと説明してみましょう。

### 1 親（オヤ）

プレゼンを聴いてもらうためには、**「オヤ?」**と思わせなくてはいけません。

落語で言えば、枕とかつかみに当たる部分は、プレゼンでも工夫しておく必要があります。

欧米では、ユーモアのセンスがないと一流とは思われませんから、ちょっと気のきいた一言から入ることが多いのです。これは、ビジネスプレゼンでも同じです。

私はアメリカ流のジョークよりは、エスプリのきいたヨーロッパ流のユーモアの方が好きですが、プレゼンの「オヤ？」では、そこまで考えることはないでしょう。

私は、今まで「歌手の橋幸夫と同じ字を書きます。皆さん覚えてくださいね」くらいのスタートにしていました。ですが、この頃、橋幸夫さんを知らない方も増えてきましたので、気のきいた、時流に合ったスタートに変えようかなと考えているところです。

プレゼンのタイトルから外れすぎず、その後につながるような、**何か気のきいた、インパクトのあるスタート**を切りたいものです。

たとえば、私が「売れる本の書き方」というテーマで話す時には、スクリーンに、読めないくらいの小さな字と、豆粒程の小さな小さな地球の絵を映します。

そうすると「オヤ？」「何だろう？」と注目して、集中して聴く姿勢ができます。

## 2 は（ワアッ）

2番目にワアッと思わせます。**「すごい」「エーッ」**というインパクトがないと、ドラマ、ストーリーにならないので、納得してくれません。

プレゼンでは、**解決策や成果は、思い切りインパクトのある内容**にしてみてください。

## 3 ナルホド

そして最後に「ナルホド」と感心させ、納得してもらえば、プレゼンは大成功となるでしょう。

ここでは、**成功事例をあげたり、データを駆使したり、証言・証拠を提示したり、**ありとあらゆる手で首を縦に振ってもらうようにするわけです。

以上の流れを、「親はナルホドの法則」と名づけたわけです。覚えやすいでしょう。

あなたのプレゼンの内容も、この法則を意識して構成してみましょう。

## 「親はナルホド」の法則

| | |
|---|---|
| (親) オヤ | 気の利いた“つかみ” ? |
| (は) ワァッ | インパクトのある解決策、成果 !! |
| (ナルホド) ナルホド | 説得力のあるデータ、証拠 |

心をつかむ内容構成法

先の話術にプラスすれば、人を動かすプレゼンにトランスフォームされますよ。

プレゼンテーションの一般的説明ならば、この他に、相手を知るために聴衆分析を行うことや、リハーサルをすることに触れたり、会場設営も含めた下準備についても紙数をさくべきでしょう。

しかし本書は、スピーディーにガラッと変えるトランスフォームがテーマですので、ここまでの説明といたします。

本章で述べていることを実践すれば、あなたのプレゼンは劇的に変化し、トランスフォームされることでしょう。

## トランスフォーム仕事術で〝人物〟になる

最後に、プレゼンを実践するにあたって、ぜひ準備していただきたいことをお伝えしておきます。それは、**どんな質問が来るのかを常に想定して、リハーサルをしてみること**です。特に、ネガティヴな質問を想定しておくことです。

つまり、「今は時期尚早だよ！」「予算が足りないのでは？」「3年前にも似たプロジェクトで失敗したが？」などといった質問が出たなら、「現場でどのように答えるか」を常に想定しておいて、あらかじめリハーサルをしておくのです。

そして、リハーサルも1種類だけではなく、AがダメならBというように、少なくとももう一つは代替案を用意しておくと現実的な対応ができるのです。

これは、プレゼンの想定質問に限ったことではありません。

「上司に報告するとしたら〝現場では〟どのように言うだろうか？」

「クレームに対しては、〝現場〟だったら、どんな言い回しが効果的か？」

というように、常に現場での実践を頭に置いて、考え、リハーサルし、実際に行動していくのです。

私はどの研修でもそうですが、常に「現場でどのように応用するか、実践するか」を、受講者に時間をかけて考えてもらいます。また、テーマによってはシナリオを書き出して、役になりきって〝演じてもらう〟ことも多くあります。

演じるというのは、本番でのリハーサルに当たります。

たとえばバイヤー役とセールス役になってもらい、セールス役の人が契約を受注するまでを、3分くらいの「ミニストーリー」にして演じてもらうのです。

この実演の一番大きなメリットは、習った知識について、「現場でどのように使うのか」ということを体で感じ取ってもらえることです。


1章から6章まで、トランスフォーム仕事術について述べてきましたが、結局 **〝知識をいかにして現場で使える知恵にするか〟** ということが一番重要なポイントです。

この **〝実践力〟** がある人は、知識をトランスフォームさせて成功できます。

**「実践するとしたら、どのようになるか？」** と、常に実践を想定して考えを練っておくことは、**「一角《ひとかど》の人物と言われるような立派な人は、皆やっていること」** です。

これが、仕事能力を上げ、志や夢、目標を実現していく上で欠かしてはならない問題意識であり、トランスフォームの核心なのです。

トランスフォームポイント

# 4速スキル④
# スピードプレゼンテーション「速プレ」

□「わかりやすさ」「理解しやすさ」を常に意識する
□言いたいことを1行でまとめる
□ビジュアルには極力頼らず、熱意で勝負する
□5大スキルを使いこなす
□アイコンタクトを心がける
□ここぞという時には、断言する言葉とともにジェスチャーを使う
□「親はナルホドの法則」で内容を構成する

# あとがき

いかがでしたか？

楽しんで読んでもらえましたか？

私は、伝えられることはすべて伝えましたので、気分は晴れやかで満足しています。

本書を読んでいく中で、あなたには夢、志と呼ぶものが何かしらつかめたのではないでしょうか。

「何の目的もなくフラフラ仕事をしていた」

「ただ与えられたノルマをこなしているだけだった」

というような方は、今日から前向きに、仕事に向っていくことができるでしょう。

1日のうちの3分の1は職場での「仕事の時間」なのですから、この時間を前向きにできたら、こんな好ましいことはありません。

あと3分の1は睡眠、残りの3分の1はプライベートな時間です。夢、志が見つかったことによって、プライベートライフも充実していくのです。

仕事とプライベートの充実、つまりは**人生そのものの充実**になります。

本文でも触れたように、タイム・イズ・ライフ、時間は人生そのものです。

**ぜひ本書の知識を仕事で活用し、多くの人たちを幸せにするような夢を実現してください。**


私の20代の頃のキーワードは「修行」でした。自分自身を磨き高めていくこと、それがすべてでした。もちろん、今も自己能力開発には時間をかけています。

しかし、〝自分のための〟修行はもうオシマイです。

今の私には、何のために修行してきたのかが、はっきりわかります。

何のためだと思いますか？

そう、**〝人のため〟**だったのです。

当たり前ですが、私たちは一人で生きているのではなく、人とのかかわりの間で生きている「人間」でしょう。

自分だけの、個人だけの能力開発や、スキルアップなど小さくて、大したことはありません。仕事術も同じで、ただ効率化したところで、大きな意味はないのです。

もっと世の中をよくしよう。

他の人のために。

世界をよりよくするために。

**トランスフォーム仕事術は、究極、人のための道なのです。**

あなたが社会へ貢献していくための、スキルです。

本書を書くにあたりまして、幸福の科学出版の第五編集局の皆さんにご尽力いただきました。

ここに感謝いたします。

そして何よりも、ここまで読んでいただいた読者のあなたへ、ありがとうございました。

二〇〇九年三月

松本幸夫

## ■ 松本幸夫（まつもと ゆきお）■

人材育成コンサルタント。1958年東京生まれ。マスコミや流通、通信、製薬、保険、電気、金融、食品といったさまざまな業界で指導を行い、営業をはじめ、企画、会計、事務、対面接客、研究者といったあらゆる職種のプロ育成に定評がある。年間220回の研修、講演活動を行い、そのリピート率は92％を超える人気ぶり。ＮＨＫなどのテレビ出演も精力的にこなし、「最短で〝できる人〟をつくる」プロとして、20年間、最前線を走り続けている。「基本を押さえれば、誰でも成功者になれる」をモットーとし、「明日、何をやればいいか」という具体的な方法論にまで落とし込んだアドバイスは高評価を得ている。主な著書に『仕事が10倍速くなるすごい！法』『定時で上がる！手帳術』『「朝10分の習慣」で1日がぜんぶうまくいく！』などがあり、韓国、台湾でも翻訳されベストセラーとなっている。

# 自己能力を10倍高める
# トランスフォーム仕事術

2009年3月13日　初版第1刷

著　者　松本 幸夫
発行者　本地川 瑞祥
発行所　幸福の科学出版株式会社
〒142-0041 東京都品川区戸越1丁目6番7号
TEL (03)6384-3777
http://www.irhpress.co.jp/

印刷・製本　大日本印刷株式会社


ISBN978-4-87688-385-1　C0030

## 朝の来ない夜はない
「乱気流の時代」を乗り切る指針

大川隆法 著

「アジアに迫る危機」「国連中心主義の問題点」から、「不況を乗り越える5つの視点」「心と体のマネジメント」まで。国際情勢、日本経済の問題点に鋭く切り込んだ話題の一書。

定価1,680円
（本体1,600円）

## 勇気の法
熱血 火の如くあれ

大川隆法 著

「失敗を恐れるな。何事をも成し遂げることなく一生を過ごすことを怖れよ」――。挫折に負けない考え方、一流の人材になるための読書術、真実の人生を生き切る智慧など、具体的で力強い言葉の数々が、あなたの勇気を呼び起こす。

定価1,890円
（本体1,800円）

## 経営入門
人材論から事業繁栄まで

大川隆法 著

「幸福の科学」設立より20年あまりで、日本最大規模の組織をつくり上げた著者が、「経験」と「実績」をもとに展開する〝発展と繁栄のバイブル〟。自社を「大企業」へと発展させるために必要な「考え方」「心構え」が、この一冊に凝縮。

定価10,290円
（本体9,800円）

## リーダーに贈る「必勝の戦略」
人と組織を生かし、新しい価値を創造せよ

大川隆法 著

フォロワーを惹きつける資質とは？　リーダーシップ不足の意外な原因とは？　勝ち続ける組織を作りあげる秘訣とは？　実戦で使い込まれた、成果を生むための13の指針が、ビジネス成功をもたらす。

定価2,100円
（本体2,000円）